Guide du Mémoire de Master en gestion

L'orientation qualitative

Guide du Mémoire de Master en gestion

L'orientation qualitative

Catherine Voynnet Fourboul

Mentions légales

© 2019 Catherine VOYNNET FOURBOUL

Éditeur : BoD-Books on Demand
12-14 rond-point des Champs-Élysées, 75008 Paris
Impression : Books on Demand, Norderstedt, Allemagne

ISBN : 978-2-3221-6316-8
Dépôt légal : Décembre 2019

AVANT-PROPOS

Ce guide du mémoire est destiné à des étudiants en deuxième année de Master en gestion qui souhaitent réaliser un mémoire en employant des méthodes qualitatives comme c'est le cas d'une façon assez répandue en gestion des ressources humaines.

Le mémoire est ici à comprendre comme tout écrit de gestion, fondé sur une problématique, suivie d'une mise à l'épreuve sur le terrain en vue de propositions pour l'action.

Il peut aussi être précieux pour les professionnels qui souhaiteraient encadrer les étudiants ou pour leurs maitres d'apprentissage.

REMERCIEMENTS

Ce travail n'aurait pas été possible s'il n'avait été pensé pour les étudiants et réalisé grâce aux étudiants du CIFFOP. Je tiens donc à les remercier aussi bien pour ce qu'ils ont pu accomplir d'exceptionnel qui constitue des bonnes pratiques répertoriées dans ce document, et également pour les points à améliorer que j'ai pu observer et qui ont pu inspirer certains conseils.

Parce que tout cet accompagnement du mémoire s'est également inscrit dans l'institution académique du CIFFOP, je remercie également mes collègues Véronique CHANUT et Muriel de FABREGUES qui ont toujours partagé avec moi la conviction que l'exercice du mémoire constitue le chef-d'œuvre de l'étudiant clôturant la finalisation de l'apprentissage au terme de l'année universitaire.

Les tuteurs participant aux évaluations avec un regard professionnel aspirent à voir rayonner les connaissances académiques et en cela je ressens beaucoup de gratitude concernant Cyril ACCARD, Bertrand CARRÉ, Philippe CUENOT, David DRAGONE. Jean-François GARRIGUES, Bernard LEMAIRE, Alain MAURIES, Dominique PEPIN, Anne de RAVARAN, Olivier TINTHOIN, Philippe VIVIEN, Sylvie WAHL

Table des matières

Avant-propos 7
Remerciements 8
1. CHOISIR UN SUJET ET LE PROBLEMATISER 12
   1.1. Rôle et choix du sujet 13
      1.1.1. Le rôle du mémoire 13
      1.1.2. Le choix du sujet et l'accès à des sources académiques 15
      1.1.3. La question de la confidentialité 16
   1.2. Problématiser le sujet de façon pertinente 18
      1.2.1. Les principes d'une problématique 18
      1.2.2. Les méthodes pour guider la problématique 21
      1.2.3. Ce que l'on peut intégrer dans une problématique 25
      1.2.4 Le ton 27
2. PREPARER ET FAIRE FRUCTIFIER SON TERRAIN 27
   2.1. Approcher le terrain 28
      2.1.1. La méthodologie 28
      2.1.2. Le guide d'entretien 31
      2.1.3. L'échantillonnage 41
      2.1.4. L'entretien 44
   2.2. Analyser et diagnostiquer 49
      2.2.1. L'analyse des données qualitatives 49
      2.2.2. Les critères d'évaluation 50
      2.2.3. Le diagnostic 56

2.3.	Produire une discussion	61
3.	STRUCTURER LE TRAVAIL	64
3.1.	Le plan du mémoire	64
3.1.1.	Les éléments de présentation	66
3.1.2.	Le corps de texte	71
3.1.3.	Bibliographie et citation	73
3.1.4.	Les éléments à la suite	76
3.1.5.	Les méthodes relatives à la forme	77
3.1.6.	La mise en page	78
3.2.	L'étude de cas	81
4.	EVALUER LE TRAVAIL ET S'ORGANISER	85
4.1.	Conseils pour la soutenance orale d'un mémoire	85
4.1.1.	Objectif	85
4.1.2.	Exposé	86
4.1.3.	Questions du jury	88
4.2.	Engagement, Suivi et organisation	93
4.2.1.	Engagement contre le plagiat	93
4.2.2.	Conseils d'organisation	95
4.2.3.	La supervision	96
4.3	Evaluation du mémoire et de la soutenance	98
Bibliographie		104

LISTE DES TABLEAUX

Tableau 1 : Grille de lecture de la culture d'entreprise d'une entreprise ou une organisation 25
Tableau 2 : Echantillon des répondants 41
Tableau 3 : Echantillon des répondants 42
Tableau 4 : Structure d'échantillonnage 43
Tableau 5 : Les différentes parties du mémoire 65
Tableau 6 : Conseils pour la soutenance 92
Tableau 7 : Planification du travail 95
Tableau 8 : Fiche de suivi pour la supervision 97
Tableau 9 : Les points à vérifier avant de rendre le mémoire 103

Les mémoires en gestion peuvent être de différentes natures : mémoire d'étonnement, mémoire de spécialité, mémoire effectué en groupe ou individuellement. Le fil directeur est pratiquement le même pour tous les mémoires mais les attentes institutionnelles peuvent varier considérablement. Le mémoire peut aussi dans certaines circonstances être présenté sous la forme d'une étude de cas et une partie est consacrée aux particularités de cette présentation. Cet ouvrage est offre un guide pour les étudiants qui optent pour une lecture en profondeur des phénomènes de gestion au moyen de méthodes qualitatives.

1. CHOISIR UN SUJET ET LE PROBLEMATISER

Le mémoire individuel de fin d'année de Master 2 est généralement un travail de recherche, qui suit des règles et qui fait l'objet le plus souvent d'une soutenance devant un jury. A cet effet, il constitue une réflexion dans le contexte de l'entreprise ou l'organisation pour la personne qui y travaille ou dans le contexte de plusieurs entreprises pour les autres cas.

Les expériences d'accompagnement des mémoires ainsi que les échanges avec les universitaires et les professionnels chargés d'évaluation, ont permis de retenir un certain nombre de messages à l'attention des étudiants qui seront amenés à produire un travail de ce type. Ce guide est le fruit de longues années d'observation et d'intégration de remarques à propos des prestations produites par différentes promotions d'étudiants au CIFFOP. Le CIFFOP au sein de l'université Panthéon ASSAS prépare les étudiants à l'exercice des métiers de la fonction ressources humaines et relations de travail.

Ce support a pour objet de préciser le rôle du mémoire de fin d'année, la manière d'en choisir le sujet, la démarche d'élaboration, sa présentation. Il peut être utile aux étudiants du CIFFOP et également à tous ceux qui envisagent une réflexion fondée sur les méthodes qualitatives donnant lieu à un écrit.

1.1. Rôle et choix du sujet

1.1.1. Le rôle du mémoire

Le mémoire est l'exercice finalisant et intégrant les compétences de l'étudiant au cours de son année de Master. Il peut s'avérer un élément important du curriculum vitae car il présente l'avantage d'être écrit et d'offrir un support communicable nécessitant en conséquence, le plus grand soin quant à sa réalisation tant sur le fond que sur la forme.

Le mémoire « idéal » est celui qui satisfait plusieurs acteurs :

- le responsable de l'entreprise ou l'organisation, qui pourra mieux comprendre un problème de gestion, et profiter de l'utilité des propositions pour l'action
- Le jury composé du tuteur et d'un responsable académique qui attendent un partage d'expérience clair, ancré dans les théories et la pratique.

Le fait d'écrire pour ces deux acteurs nécessite des adaptations de communication aussi bien en matière de rédaction, que d'expression orale au moment de la soutenance. La réalisation du mémoire constitue un apprentissage et un investissement en temps sur un sujet de réflexion amenant une prise de recul. La mise en œuvre d'un tel document apporte du sens aux situations et sujets relatés.

Si le mémoire est réalisé dans le cadre d'une attente institutionnelle comme c'est le cas la plupart du temps, il est important de vérifier s'il doit être communiqué à l'entreprise ou l'organisation d'accueil de l'étudiant ce qui est souvent le cas pour les mémoires réalisés au cours de l'apprentissage. Il arrive également que les étudiants ne soient pas tenus de produire un mémoire exclusivement centré sur leur entreprise. Tout dépend donc des attentes institutionnelles.

Un mémoire n'est pas un simple compte-rendu, mais un exercice de prise de recul par rapport à une situation concrète.

Il mérite de faire l'objet d'une courte synthèse dans un curriculum vitae sur les réseaux sociaux professionnels afin de valoriser cette expérience.

L'un des enjeux du mémoire, consiste à évoquer un sujet centré sur une entreprise ou une organisation, tout en étant accessible à un auditoire externe. Il est donc question d'adopter un langage universel et de bien distinguer ce qui est de l'ordre du jargon d'entreprise et de pratiques situées de ce qui est partageable à un niveau plus général. Cela n'est pas toujours facile de s'extraire de ce qui a été appris en immersion dans l'entreprise ou l'organisation et de le rendre partageable à un autre niveau.

Certaines questions à la suite permettront d'orienter le mémoire de façon à satisfaire les attentes du jury :

- Qu'est-ce que le membre du jury peut retenir de l'expérience de l'étudiant ?
- Est-ce que ce qui est décrit dans l'entreprise ou l'organisation constitue la bonne façon de faire les choses ?
- Pourquoi ce qui se fait en entreprise l'est-il ?
- Quel est l'avis de l'étudiant à ce propos ?

1.1.2. Le choix du sujet et l'accès à des sources académiques

Le choix du sujet est décisif. La plupart du temps il existe une marge de liberté quant à la proposition du sujet émanant de l'étudiant. Il est rare que les institutions imposent un sujet. Néanmoins il est possible qu'elles imposent un thème général, qui peut être abordé sous des angles assez différents, laissant ainsi une marge de manœuvre quant au choix du travail à accomplir.

C'est par exemple souvent le cas des mémoires à réaliser en groupe.

Il existe deux voies possibles pour élaborer le sujet : 1) prendre comme point de départ un problème à résoudre au sein de l'entreprise ou l'organisation, un dysfonctionnement observé qui permette d'opérer une analyse et des propositions pour l'action 2) opter pour un thème d'actualité qui peut susciter des approfondissements appliqués à l'entreprise ou l'organisation.

La consultation des mémoires déjà effectués peut aider dans le choix d'un sujet. Généralement on observera les évolutions de thématiques au cours des années passées, qui répondent le plus souvent à des modes managériales intéressant les personnes de l'entreprise ou l'organisation soucieuses de se tenir à niveau par rapport à ces courants de préoccupations. Par exemple les risques psychosociaux, la gestion des VIE et des expatriés, la conduite de changement, l'évaluation des compétences, la culture d'entreprise dans le cadre d'une fusion-acquisition, le Knowledge Management dans les années 2010, et ensuite le retour sur investissement des programmes de formation, le développement des talents, la marque employeur, la diversité, le regroupement d'instance de représentation, le télétravail, le flexoffice, la qualité de vie au travail, l'onboarding, les formations de développement personnel, l'engagement, le bien-être au travail, le nomadisme professionnel, l'égalité professionnelle, l'expérience collaborateurs, la transformation organisationnelle et l'identité, l'intelligence artificielle...

Lorsque l'étudiant n'est pas en entreprise, il peut choisir un sujet émergeant lui permettant d'accroître son expertise et son employabilité.

Les enseignants, tuteurs académiques et professionnels peuvent aider à trouver un sujet de mémoire. Généralement ce qui est transmis au moment des enseignements, permet de se faire une idée des thèmes suscitant la curiosité du monde professionnel et académique, la lecture des revues professionnelles et académiques constitue aussi une pratique permettant d'orienter le choix de sujet.

1.1.3. La question de la confidentialité

Lorsque dans le Master, le choix est de diffuser les connaissances issues du travail du mémoire tout en respectant les critères de la confidentialité, il est question 1) d'évoquer l'entreprise ou l'organisation uniquement de façon succincte, sans donner trop de détails en exprimant le contexte de façon pertinente, 2) de rendre les écrits anonymes ; cela signifie que des efforts sont faits pour éviter systématiquement de citer nommément les personnes et parfois même l'entreprise ou l'organisation. Afin de réintroduire du sens, les propos rapportés sont suivis d'indications à propos du statut pertinent de la personne par rapport à la problématique. Exemple : (DRH senior, site sud-est) ou (responsable administratif, 50 ans, femme)

De façon pratique il est possible de rendre deux mémoires distincts selon les pratiques de l'Institution ou l'université qui accueille l'étudiant :

- Un premier mémoire qui comporte le nom de l'entreprise ou l'organisation et certains détails confidentiels pour les deux membres du jury. Dans ce cas, le mémoire comporte en première page une mention très distincte : "confidentiel" (ce mémoire peut être remis à la fois en version papier et version électronique et la mention confidentielle figure dans le nom du fichier avec le nom de son auteur par exemple). Ce mémoire sert de base à la soutenance. Il n'est pas publié.
- Un deuxième mémoire partiellement ou entièrement anonymisé est également remis (il est possible de soustraire les éléments à la suite tout ou partie : le nom de l'entreprise ou l'organisation, les éléments de reconnaissance de cette entreprise, le nom de son auteur). Ce mémoire devient diffusable par l'institution. Il peut être plus court que le premier mémoire.

1.2. Problématiser le sujet de façon pertinente

Le mémoire s'articule autour d'une première partie consacrée à la problématique d'investigation. Celle-ci consiste à **identifier une question centrale** qui pose la dynamique du mémoire. Les sous-questions de la problématique évoluent au fur et à mesure de l'avancement du travail. A la suite de la problématique, se construit la réponse dans une deuxième partie qui comprend une réflexion méthodologique, une analyse, une discussion et des propositions. Le plan de rédaction structure la démarche en vue d'une démonstration.

1.2.1. Les principes d'une problématique

Construire une problématique ne consiste pas à faire une suite de résumés de la littérature, même si la première partie du travail consiste généralement à établir une « revue de la littérature ». Construire une problématique, c'est énoncer une série de questions activées par rapport au travail demandé. Il s'agit de personnaliser un thème qui est général et vague et de le dynamiser à l'aide d'un questionnement. Cela suppose de <u>poser des questions en s'aidant de ce que les autres ont déjà formulé</u>. C'est pour cette raison que l'on mobilise une revue de littérature. On s'appuie sur les idées de différents auteurs ayant écrit des articles ou des ouvrages et également d'experts intervenant dans son cursus universitaire ou lors de conférences. Ces idées, vont être intégrées à la problématique, soit sous forme de citations, soit sous forme de résumés.

Le recours à la littérature permet la prise de recul par rapport au terrain. Un risque est possible de tomber dans le piège du surinvestissement dans la littérature qui consisterait à se réfugier dans un monologue empruntant des théories sans lien avec le terrain. Au contraire il est souhaitable de veiller à utiliser **seulement les éléments qui suscitent un questionnement actif** et appliqué au terrain. Cette partie du travail constitue un exercice sélectif, au cours duquel se révèlent les qualités de jugement, de tri et de conservation de la littérature pertinente.

La question de départ liée au choix du sujet, alimente la quête de la littérature et le « *shopping* » d'idées. La revue de la littérature nécessite de faire preuve de <u>vigilance critique</u> à l'égard des idées avancées. Il peut être utile de relever les différents points de vue et les contrastes qu'offre une bonne revue de la littérature. Outre cette prise de recul, un point de vue personnel peut être exprimé, et une synthèse des éléments majeurs servant de fondement à la réflexion pourra être formulée.

Une revue de littérature dépourvue de questionnement est peu utile pour les personnes qui lisent le mémoire. Rappelons qu'une question commence par une majuscule et se termine par un point d'interrogation. <u>L'ensemble des points d'interrogation permet d'apprécier la vivacité du questionnement attendu dans cet exercice.</u>

La revue de littérature est au service du sujet, elle permet un enrichissement de la pensée et sans se restreindre à un placage artificiel des concepts, lorsque ceux-ci ne sont pas reliés à un questionnement ; en effet les présentations « copier – coller » des concepts entraînent le plaquage des concepts ; aussi il est sage de résister à la tentation de reproduire des paragraphes entiers car les lecteurs connaissent les théories et n'ont pas besoin de les voir reproduites extensivement. L'écueil général possible est de livrer une revue de littérature au lieu de produire une véritable problématique personnelle adaptée à la situation de travail et d'apprentissage.

La réalisation d'une problématique va au-delà d'une annonce de questions en introduction suivi dans la partie 1 du mémoire d'un exposé présentant de façon plus détaillée les thèmes relatifs à ce premier questionnement. La première partie du mémoire, c'est-à-dire les 15 ou 20 premières pages comportent un ensemble de questions qui font écho à des faits ou concepts issus de la recherche en gestion.

À titre d'illustration prenons l'exemple d'un mémoire qui porterait pour thème : « être responsables RH pour la première fois ». Se pose la question de la manière dont on va alimenter le questionnement à l'aide de théories, et quelles théories vont être embarquées dans questionnement. Il peut s'agir de solliciter les théories portant sur la génération Z, thème très réceptif actuellement en entreprise avec un grand nombre de recherches déjà menées, d'adopter une méthode en entonnoir consistant à rechercher dans l'une des fonctions de la gestion des ressources humaines à savoir la carrière. Il s'agit à présent de resserrer le champ théorique par exemple sur le thème de la transition carrière. On pourra faire alors référence aux travaux sur la prise de fonction de Michael Watkins (2019) ou aux travaux sur le déraillement de carrière de Robert Hogan (2002).

Conseils :

Rédiger au préalable 2 pages de questionnement sans utiliser les théories de gestion. Ensuite dans un deuxième temps, rechercher les concepts et les développer pour rapprocher le questionnement personnel des réflexions de gestion.

Intégrer la réflexion théorique à laquelle vous n'aviez pas pensé au départ.

Rassembler le tout en l'organisant de façon équilibrée et dynamique.

Vous pouvez conserver le questionnement auquel vous ne répondrez pas mais qui enrichit la réflexion.

1.2.2. Les méthodes pour guider la problématique

1.   On peut par exemple partir des mots qui jouent un rôle par rapport à la question de départ et commencer par définir **les termes** de son sujet. Le recours bref à l'étymologie, et à des aspects historiques est bienvenu pour donner du sens et de la profondeur.

2.   La question centrale que l'on pose permet de suivre un **fil conducteur** tout le long du mémoire ou de l'oral. On s'intéresse à une question centrale : « toute cette question et rien que cette question ». On développe ainsi une attitude concentrée, ouverte sur un très grand nombre de possibilités, mais éliminant tout ce qui est inutile ; ce fil conducteur permet de veiller à la cohérence générale du plan et des idées. La question centrale n'apparaît généralement pas immédiatement lorsque l'on travaille sur un sujet. Bien souvent l'étudiant au fur et à mesure de son expérience dans l'entreprise ou l'organisation, va être en mesure de formuler les thèmes majeurs. De ces thèmes majeurs peut émerger la question centrale. Le tuteur aide l'étudiant dans la formulation de cette question centrale.

3.   Parce que le travail demande un engagement personnel de l'étudiant, il est souhaitable que celui-ci réfléchisse à ses propres **présupposés** parfois aussi à ses

valeurs, fasse preuve d'un avis critique par rapport à la réalité du phénomène étudié. Parfois ce travail de réflexion peut produire une remise en cause des idées reçues et préconçues. Le présupposé peut aussi constituer une sorte de propositions à mettre à l'épreuve du terrain, encore faut-il en prendre conscience et ne pas le laisser au rang d'un préjugé inconscient. L'intérêt de réfléchir à ses présupposés, est d'activer la prise de recul, et de favoriser l'ouverture à ce qui sera découvert en entreprise, tout cela en gérant mieux ses émotions grâce à la décentration provoquée. Le professeur KE Weick faisait travailler ses étudiants sur leur vision du monde et leurs présupposés, leur *basic assumptions* dès les années 70. Cet exercice s'avère utile dans une optique de développement personnel dont on connaît la valeur en gestion des ressources humaines.

4.   La problématique est centrée sur **des questions**, qui peuvent utiliser des théories ; c'est la réflexion en marche, l'exposé d'un raisonnement. Les éléments théoriques sont reliés à la question principale et aident à poser d'autres questions. Il s'agit donc de développer la problématique par un <u>ensemble de questions</u> qui rebondissent les unes sur les autres. Ces questions figurent explicitement dans la problématique. La problématique est donc une succession d'exposé de faits, d'informations, de questions et d'éléments théoriques. Certains éléments théoriques peuvent constituer des réponses aux questions posées. Ils peuvent aussi susciter d'autres questions. Chaque question arrive après une introduction et est entourée d'une explicitation des termes, d'un recours à des théories… On s'efforce de traiter la question avec les éléments disponibles dans la théorie. Bien souvent la théorie incite à examiner d'autres voies, qui elles-mêmes suscitent d'autres questions. Ensuite chaque autre question peut être présentée toujours accompagnée d'un contexte

informationnel, d'éléments de réflexion ou de spéculation et ainsi de suite.

5.   Les apports des théoriciens et des auteurs divers sont cités fidèlement, et identifiés clairement par rapport au reste du texte. Seules les théories qui ont un rapport direct avec la problématique sont intégrées.

6.   Lorsque l'étudiant a l'impression d'être tellement « noyé » dans l'entreprise ou l'organisation qu'il ne parvient pas à s'extraire de la pratique pour produire une réflexion, il peut gagner en profondeur, en orientant la problématique à l'aide de questions qui commenceront par "pourquoi" plutôt que par "comment" avec une restriction qui tient au fait que les questions commençant par « pourquoi » ont tendance à générer une réflexion de type recherche, ce qui est moins caractéristique d'un mémoire de type master professionnalisant. Cette technique est donc à manier avec précaution.

7.   Une problématique de gestion s'inscrit dans le registre de la recherche en gestion. Un effort est donc à faire pour rendre compte de l'état de la recherche en gestion au travers des **articles de recherche accessibles sur les bases de données telles que EBSCO ABI PROQUEST CAIRN etc**. Ces articles permettent de donner du fond à la réflexion.

8.   La gestion des ressources humaines s'inspire de disciplines diverses (sociologie, psychologie, comportement organisationnel, management, droit). Il est possible d'intégrer une perspective juridique dans la réflexion tout en laissant une place suffisante à la réflexion de gestion. Un mémoire ne peut pas être consacré en majeure partie au droit, mais l'inclusion du contexte juridique est appréciée.

Question : Comment s'exprimer ?

Les étudiants ont parfois de la peine à choisir <u>un pronom personnel pour s'exprimer</u> : faut-il s'exprimer à la première personne du singulier, ou en employant le « nous » académique ou un ton plus impersonnel ?

- le « nous » (s'il décrit plusieurs personnes) a l'inconvénient de rendre difficile l'exercice de prise de recul et de distance utile pour développer un jugement

- le « nous » académique représentant la personne qui écrit est acceptable mais peut paraître pompeux.

- certains commencent par « je » et poursuivent avec « nous » : il vaut mieux faire un choix et s'y tenir

- le « je » permet l'engagement et la simplicité.

Conseils : Comment présenter son questionnement ?

L'étudiant peut introduire la question par étapes :

- exposer des faits, des informations, des éléments théoriques (les auteurs)

- expliciter les termes,

- présenter la question

- évoquer des hypothèses ou des spéculations

- poursuivre le travail avec les autres questions jusqu'à épuisement des questions

1.2.3. Ce que l'on peut intégrer dans une problématique

Présentation du contexte

Le questionnement intervient pour répondre à une problématique servant l'entreprise ou l'organisation. Cela signifie que le contexte sera présent dans la première partie du mémoire. Voici un exemple à la suite d'une présentation du contexte.

➢ ***Règles. Et politiques*** : Écrites, mais disparités des pratiques ; Peu communiquées à l'ensemble des salariés, culture du secret ➢ ***Objectifs et évaluation*** : Fixation d'objectifs ambitieux, mais évaluation de la performance peu développée ➢ ***Coutumes et normes*** : Fondées sur l'esprit familial (avec notamment les unités de l'entreprise ou l'organisation) ; Style vestimentaire classique ➢ ***Formation*** : Politique très active (culture, connaissances métier, management, efficacité personnelle, etc.)	➢ ***Cérémonies et événements*** : Liés aux développements de nouveaux produits ➢ ***Attitudes de management*** : Assez traditionnelles et hiérarchiques ➢ ***Récompenses et reconnaissance*** : Liées principalement à l'ancienneté ➢ ***Communication*** : Principalement descendante ➢ ***Environnement physique*** : Locaux très fastueux ➢ ***Structure organisationnelle*** : Complexe et éclatée

Tableau 1 : Grille de lecture de la culture d'entreprise d'une entreprise ou une organisation

D'autres modèles vus en cours ou dans la littérature académique permettent de présenter la culture d'entreprise (Modèle de Johnson et Sholes (2014), de Cameron et Quinn (2011) etc.).

Cependant dès lors que la réflexion sur le contexte devient plus approfondie, soit parce qu'elle résulte d'une intention de l'étudiant à procéder à une investigation plus poussée, soit parce qu'elle fait appel à des qualités d'observation et d'investigation, et surtout à la mise en œuvre d'une méthodologie et que des commentaires développés et étendus montrent la valeur ajoutée dégagée par l'étudiant, il est logique de positionner ce résultat dans la seconde partie du mémoire, dédiée à l'analyse.

Il est également possible dans le cas d'un mémoire portant sur un projet organisationnel RH de procéder dans la première partie à une analyse stratégique au sens de M. Crozier et E. Friedberg (1977). Pour cela le repérage des acteurs, leurs enjeux, contraintes et stratégies probables peuvent faire l'objet d'une présentation au sein d'un tableau qui sera commenté.

Le pré-diagnostic

Un pré-diagnostic peut être inclus dans la problématique. Ce pré-diagnostic est le relevé de constats, c'est-à-dire des éléments de base du problème à travailler. Il sert à justifier l'ampleur et la pertinence de la problématique sans toutefois répondre à la question ; c'est pourquoi on le considère comme un pré-diagnostic dont l'objet est de cerner et positionner la question de recherche. Par exemple pour un mémoire portant sur le management des experts, on relèvera le nombre d'experts, leur localisation, les éléments connus ou inconnus dans l'entreprise ou l'organisation, les incidents de gestion (départ d'experts, difficulté de recrutement). Le pré-diagnostic aide à préciser la nature du problème au regard du terrain de l'entreprise ou l'organisation.

1.2.4 Le ton

Parce que la problématique est un exercice de questionnement, elle demande une grande **ouverture**, et une prudence face à tout ce qui enferme, à tout ce qui est normatif. Une astuce consiste à s'interdire d'utiliser les verbes « devoir » et « falloir » « il convient de » ; si pourtant lors de l'écriture, ces verbes apparaissaient spontanément, alors il s'agit de s'interroger sur les raisons de cet emploi. Bien souvent une telle interrogation permet d'enrichir la problématique. Afin de systématiser la vigilance à propos de ces termes il est possible avec les traitements de texte de conduire une recherche automatisée pour repérer ces termes. Si ces mots sont acceptables dans la partie juridique et normative du mémoire du fait de la référence au droit, en revanche dans les autres cas il sera précieux de réfléchir au point de référence auquel ils font allusion et de le citer explicitement. Faute de quoi il est préférable de supprimer les éléments normatifs pour les formuler sous forme d'interrogation ou sous une forme atténuée.

2. PREPARER ET FAIRE FRUCTIFIER SON TERRAIN

Dès lors que la problématique a été rédigée commence la deuxième partie entièrement dévolue au terrain. Tel un cultivateur, il s'agit de choisir un terrain propice, de savoir durant quelle saison et avec quel outil travailler la terre pour en récolter les meilleurs fruits et légumes.

2.1. Approcher le terrain

L'approche du terrain désigne la façon dont l'étudiant va concevoir le meilleur dispositif possible pour répondre aux questions de la problématique. Par rapport à la structure du mémoire, l'approche terrain ouvre la deuxième partie du mémoire. La première sous partie est consacrée à la méthodologie et donc à une réflexion sur les choix de méthodes, la conception d'un guide d'entretien, l'échantillonnage et l'entretien.

2.1.1. La méthodologie

La réponse à la problématique nécessite un travail sur le terrain et des choix de la part de l'étudiant, or ces choix sont présentés dans une sous-partie consacrée à la **méthodologie**. L'étudiant montre <u>ce qu'il a mobilisé sur le terrain en matière de recueil de données pour pouvoir répondre à la problématique</u>.

Pour faciliter la compréhension de la méthodologie, 1) le rappel de la question de recherche assorti de l'évocation 2) des **intentions** de la recherche par rapport au terrain constitue un préalable important. La description des intentions ne va pas de soi pour le lecteur et parfois c'est un aspect peu évident pour le rédacteur qui interroge certains présupposés. De fait rapporter les choix de méthode à l'intention permet de mieux comprendre et d'évaluer les choix. Le lecteur apprécie également 3) l'annonce du plan des investigations conduites.

Cette partie du mémoire constitue une vraie valeur ajoutée et la preuve de choix stratégiques quant aux méthodes d'accès au terrain et de recueil d'informations.

Les **méthodes** sont nombreuses. On peut par exemple procéder par observation ou recueil d'information, ou par action avec toute une palette de possibilités : recueil de données dans l'entreprise ou l'organisation, travail sur documents, constitution d'un échantillon des acteurs significatifs par rapport à la question de recherche, élaboration d'un guide d'entretien ou d'un questionnaire, recueil d'informations lors du fonctionnement en équipe projet, modalités des entretiens ou des passations de questionnaires, méthode d'observation et analyse du journal de bord....

Le rédacteur explicite la nature des **liens entretenus avec l'objet de recherche**. Les instruments construits par l'étudiant figurent en annexe et permettent d'évaluer la validité du travail. Dans le cas des personnes qui travaillent en équipe projet, on repérera tous les acteurs contributeurs de l'équipe, on présentera un tableau avec ces différents acteurs et le rôle accompli, les modalités de temps afin de bien comprendre comment s'articule le travail de l'étudiant par rapport à celui des autres.

La méthodologie concerne aussi **l'action** menée par l'étudiant durant ses missions, le travail opérationnel de l'étudiant ; c'est-à-dire la traduction opérationnelle des aspects théoriques relatés dans la première partie du mémoire. C'est l'occasion d'expliciter ce qui est fait par l'étudiant en entreprise, soit de façon brièvement résumée en une page de synthèse à l'aide d'un schéma, soit en prenant en compte le temps, les objectifs et le lien avec la réflexion propre au mémoire.

L'organisation fait partie des méthodes permettant une élaboration correcte du travail s'appuyant sur des notes de travail (compte-rendu d'entretiens, réflexions personnelles...) et des notes de lecture. L'emploi d'un **carnet de bord** est utile, et permet de consigner méthodiquement : la date de prise de note, le titre synthétisant la suite, les références bibliographiques de l'ouvrage ou de l'article, des extraits de texte qui alimentent le questionnement. Certains consignent à la fois les notes de lecture et les notes de travail dans le même carnet de bord, paginé et indexé de façon à retrouver facilement l'information utile à la rédaction du mémoire tandis que d'autres ont recours à un dispositif électronique.

Conseils : Qu'écrire dans la partie méthodologie ?

On peut disposer dans cette partie tout ce qui permet aux lecteurs de comprendre la manière dont l'étudiant essaye de répondre aux questions de la première partie en sollicitant le terrain. C'est une partie qui montre également la façon dont l'étudiant tente de s'assurer d'obtenir de bonnes informations, des faits fiables. Il est question également de distinguer ce qui est de l'ordre de la mission de l'étudiant (partie réduite) et de l'ordre des réponses aux questions de problématique (partie approfondie).

1. L'ensemble de mes actions sous forme de synoptique dans le temps
2. Un focus sur tout ce que je fais sur le terrain pour répondre aux questions de la première partie

Extrait de mémoire

« Les premières réunions sur les Comités ont eu lieu début 2010. Ces réunions étaient pilotées par les équipes de Talent Management, qui étaient à l'origine du projet, et par des consultants du Cabinet Hay Group, qui a été choisi pour travailler sur la logistique à appliquer pour mettre en œuvre efficacement ces comités pour l'ensemble des métiers du groupe. J'y ai donc assisté, et en parallèle j'ai travaillé sur l'élaboration des livrables qui étaient demandés pour la préparation de ces Comités, et que je décrirai dans la partie suivante. De par la confiance qui m'a été accordée par l'ensemble de l'équipe, j'ai donc pu, pendant 6 mois, observer de près les allers-retours entre les patrons de métiers et les RRH, la complexité des processus de décision lors de l'implémentation d'un tel projet, la difficulté pour les uns et les autres de se mettre d'accord sur les définitions, les livrables et sur l'organisation même des comités... Cette expérience riche m'a donné envie de traiter de ce sujet en apportant un regard critique au vu de la revue de littérature que j'ai pu faire et de mes expériences dans d'autres groupes internationaux. »

2.1.2. Le guide d'entretien

Définition du guide d'entretien

La recherche implique de choisir de recueillir des informations en vue d'une comparaison au moyen d'entretiens, pour cela il est utile de construire un **guide d'entretien**. Un guide d'entretien est un instrument servant à recueillir les informations nécessaires pour répondre à la problématique selon le dispositif méthodologique qui a été élaboré. Le guide d'entretien se construit à partir de la problématique, et des informations que l'on veut obtenir et constitue un plan de ce qui va se passer lors de l'entretien. il aide à prévisualiser le flux de l'entretien sans pour autant être suivi strictement comme c'est le cas des questionnaires à visée quantitative. Les informations recueillies feront ensuite l'objet d'un traitement le plus souvent comparé et d'une analyse.

Rubriques du guide d'entretien

Un guide d'entretien comprend une première partie visant à présenter l'objet de l'entretien à la personne qui va accepter de répondre. Il s'agit du discours qui sera formulé en guise d'introduction de l'entretien, le plus souvent afin de présenter la personne qui va réaliser l'entretien, ainsi que ses objectifs généraux, les précautions déontologiques auxquelles elle s'engage vis-à-vis du répondant. L'intérêt est de susciter la confiance du répondant.
La deuxième partie est consacrée aux questions, qui comprend une série de questions ouvertes ménageant de grands espaces pour faciliter la prise de notes manuelles lors de l'entretien. Les questions sont construites de manière à faciliter l'expression

du répondant, les qualités de sa réflexion, l'exactitude de ce qui sera révélé. La mise en confiance est un élément fondamental qui nécessite tout un savoir-faire dans la formulation des questions. Il existe quelques conseils, comme par exemple, éviter au départ les questions risquant de trop impliquer le répondant, commencer par des questions plus générales, formuler les questions en demandant les autorisations : « pouvez-vous me dire : ... », « j'aimerais savoir ... ». Une série de mots clés peut figurer à la suite des questions génériques, afin d'aider l'étudiant à formuler des relances au cas où certains thèmes n'aient pas été spontanément évoqués par le répondant.

Dans une <u>troisième partie</u>, figure une <u>fiche signalétique</u>, précisant les éléments signalétiques du répondant qui ont de l'intérêt par rapport à la question de recherche et qui peuvent être par exemple : le nom le prénom, le statut, l'appartenance à une association à une entreprise ou une organisation ou un site, la fonction, l'ancienneté dans le poste ou l'entreprise ou l'organisation, le genre, l'âge, la situation familiale etc. Certains de ces critères seront repris pour la présentation de l'échantillon dans le mémoire et dans les Verbatim.

Pratique du guide

Un guide d'entretien peut être **testé** auprès de deux ou trois personnes, afin de vérifier si des ambiguïtés de compréhension apparaissent et de procéder à un aménagement dans la formulation des questions par exemple.

Selon le type de répondant, le guide d'entretien peut prendre des déclinaisons variables. Ainsi, un guide d'entretien peut intégrer non seulement des questions mais aussi des **apports**, pouvant servir de sollicitation dans le cheminement de pensée du répondant. Lorsque la constitution de l'échantillon prévoit d'interroger une population de dirigeants par exemple, l'étudiant se trouve face à une certaine difficulté pour négocier l'acceptation du dirigeant à se livrer à un entretien. Certaines personnes disposent de peu de temps pour répondre, il s'agit donc de construire son intervention en réfléchissant aux apports possibles pour le répondant, afin non seulement de l'inciter à accepter l'entretien, mais aussi de fournir de la matière à partir de laquelle faire réagir le répondant. Certains éléments théoriques peuvent constituer une sorte d'agrément au guide d'entretien. Par exemple, un entretien portant sur un sujet de management international, peut inclure des modèles théoriques comme l'attitude des sièges envers les filiales de *Perlmuter*, un entretien de gestion des ressources humaines, peut inclure la matrice d'Ulrich, un entretien sur la communication organisationnelle, peut utiliser la théorie de la richesse des médias etc. Ces modèles seront alors présentés de façon synthétique et imagée. Les répondants ont l'impression que cette façon de présenter aide à mieux prendre du recul par rapport à leurs pratiques, et éventuellement peut leur servir de grille de décodage activable le moment venu. Naturellement cet apport théorique constitue une très faible part dans le temps consacré à l'entretien. L'étudiant peut également utiliser des éléments concrets qu'il a relevés dans l'entreprise ou l'organisation pour servir de base de discussion avec le répondant.

Afin de tirer le mieux parti de l'échange, et partant du principe qu'une personne en confiance aura tendance à communiquer davantage le sens dans ses réponses et sans doute à transmettre des informations plus authentiques, tout ce qui est proposé à la suite répond à cette intention. On peut rajouter également à cela le fait que les répondants interrogés disposent de connaissances certes explicites et immédiates mais également de connaissances implicites qui sont moins facilement exprimables. C'est pourquoi il sera question d'articuler ces deux dimensions.

Dans un premier temps il est question d'éviter les questions fermées, qui peuvent mettre mal à l'aise les personnes ou les ennuyer en les enfermant dans des modèles préconstruits sans qu'elles aient la possibilité de s'exprimer librement. Or la nature humaine est ainsi faite, que naturellement nous nous posons des questions généralement fermées avant d'aborder le terrain.

Un premier exercice consiste donc à transformer les questions **auxquelles on veut des réponses** à des **questions-que l'on va poser,** ce qui consiste majoritairement à transformer les questions fermées ou dichotomiques en des questions ouvertes.

Voici un exemple à la suite : dans le cas d'une recherche qui porte sur le leadership spirituel, l'étudiant peut par exemple vouloir savoir si la personne avec laquelle il mène l'entretien est un leader spirituel. Il pourrait donc par exemple à la façon d'un journaliste poser la question suivante : "Etes-vous un leader spirituel ?" Pour l'étudiant, ce questionnement direct peut conduire à des formes de provocation.

Il est possible d'adapter alors cette question initiale de façon suivante :

#1- Pouvez-vous me dire ce qu'est un leader spirituel pour vous ?

L'intérêt de cette formulation est de permettre de découvrir les facettes perçues comme fondamentales par le répondant, d'accéder à une représentation mentale, l'inconvénient est qu'il s'agit d'une question d'expert supposant que le répondant maîtrise le sujet, et il ne sera pas en définitive certain d'obtenir une réponse à la question initiale

#2- Le but du leadership spirituel est de créer une vision et une congruence de valeurs à différents niveaux stratégique, de l'équipe et des individus, pour favoriser une productivité et un engagement organisationnel plus élevés. En quoi vous reconnaissez-vous dans cette définition ?

Dans cette formulation, on note un exposé du contexte qui permet à la personne de se situer plus facilement en apportant une définition des termes plus académique ; en revanche l'inconvénient est que le contexte peut enfermer et ne pas permettre d'évoquer d'autres facettes du leadership spirituel propre à la personne qui pourrait enrichir les connaissances académiques.

#3- De plus en plus on évoque l'importance des valeurs dans le leadership, j'aimerais que vous puissiez penser à un événement qui vous a marqué et qui est révélateur d'une valeur… Pourriez-vous m'en parler ?

Cette formulation en faisant référence à une réalité passée ancrée dans l'action permet d'obtenir des histoires achevées à partir desquelles reconnaître plus facilement le sens ; en revanche c'est une question très ouverte qui peut occasionner des réponses éloignées de la question initiale.

#4- Dans la vie professionnelle on peut être amené à faire face un certain nombre d'épreuves telles que : rejoindre une entreprise ou une organisation pour la première fois, assumer un rôle de leader, faire face un mauvais superviseur des collègues rivaux, vivre une fusion acquisition, faire face à un échec dont on est responsable, subir une épreuve personnelle qui retentit dans le travail, ressentir un sentiment de désengagement. Pourriez-vous choisir l'une de ses épreuves que vous avez peut-être vécues et me la raconter ?

Cette formulation est centrée sur un problème rencontré par le répondant. Elle permet de générer également une histoire assortie d'émotions et de spiritualité. Le plus souvent d'autres questions suivront (qu'avez-vous ressenti ? Qu'avez-vous appris ? Qu'est-ce que cela a changé en vous ? Qu'est-ce qui pourrait être amélioré dans l'organisation ?) ; On obtiendra peut-être moins d'éléments systématiques sur les caractéristiques déjà reconnues par la littérature du leader spirituel.

Parmi les questions de fond, on peut distinguer les questions relatives à des faits passés ou présents, et celles relatives à des éléments souhaitables ou à des éléments de prospective, d'avenir ou d'idéal. Ce dernier type de question stimule l'imagination du répondant. On obtient typiquement ici des réponses auxquelles on n'aurait pas accès avec les seules méthodes d'observation. L'écart entre à la réalité et l'idéal peut servir de terrain de réflexion lors du travail sur les propositions.

Avant le bouclage des questions il est utile d'adopter une posture réflexive alimentée par les huit points-clés à la suite :

•1- Pour quelle raison poser cette question ?

•2- Quel est le lien avec la question de recherche, avec la théorie ?

•3- Pourquoi formuler la question de cette manière (et non différemment) ?

•4- La question est-elle facile à comprendre ET sans ambiguïté ?

- 5- La question est-elle productive ?

- 6- Pourquoi positionner cette question (ou bloc de questions) à cet endroit spécifique du guide d'entretien ?

- 7- Comment s'intègre-t-elle dans la structure approximative et détaillée du guide d'entretien ?

- 8- Comment la répartition des types de questions est-elle répartie dans le guide d'entretien ?

Exemples de guide d'entretien

Pour des questions pratiques, le guide d'entretien commence généralement par un en-tête, avec des éléments tels que la date de l'entretien, le lieu de l'entretien, éventuellement la durée de l'entretien, la ou les personnes qui pratiquent l'entretien, le nom du répondant.

On notera ici l'intérêt de se présenter au moment de la rencontre en préparant un court texte d'une minute à la manière d'un *elevator pitch* afin d'établir sa crédibilité. Pour cela on peut faire référence à l'institution à laquelle on est rattaché.

Voici à la suite un exemple des grandes lignes directrices d'un guide d'entretien portant sur la professionnalisation des animateurs de la qualité de vie au travail dans une grande entreprise.

Guide d'entretien :

1) Question de contexte :

Pouvez-vous me dire comment le projet de QVT (qualité de vie au travail) est perçu sur le terrain ?

2) Questions sur les compétences des managers :

> Quelles sont selon-vous, les compétences-clés qui sous-tendent une posture « qualité de vie au travail » de la part d'un manager ?
>
> Il peut sans doute exister des situations durant lesquelles ces compétences clés viennent à manquer. Pourriez-vous m'en parler ?
>
> A votre avis, que peut-on faire afin de combler le manque dans les compétences-clés des managers pour promouvoir la qualité de vie au travail ?
>
> Quel retour d'expérience pouvez-vous formuler à propos des formations à destination des managers ?
>
> 3) Questions sur les compétences des animateurs « qualité de vie au travail » :
>
> En quoi la politique QVT vous aide en tant qu'animateur ? (Amont, aval, souhaitées)
>
> Qu'attendez-vous en matière de développement des compétences dans vos missions d'animateur QVT ?

On notera que les questions sont bien ouvertes et peuvent servir d'illustration selon les critères évoqués précédemment.

Voici la suite l'exemple tiré de la thèse de Sophie Rodriguez soutenue le 8 Avril 2014, à l'université de Toulouse I, sur les perceptions salariales de l'implémentation d'une nouvelle culture d'entreprise. Le cas européen d'Airbus. Ce tableau permet de montrer l'articulation entre les questions de recherche de la problématique et les questions mises en œuvre sur le terrain.

TRAME D'ENTRETIEN	QUESTIONS SEMI-DIRECTIVES	OBJECTIFS RECHERCHES
Introduction	*Pourriez-vous me parler un peu de vous ? De votre parcours au sein d'Airbus ? De votre métier aujourd'hui ?*	- Se présenter - Remerciements pour la disponibilité de l'interviewé - Expliquer le contexte de l'étude 'changement de culture organisationnelle' - Rappel de l'objectif de l'entretien et du rôle de l'interviewé - Donner les règles de déontologie.
Thème 1 : Les facteurs de contingence	*Selon vous, pour quelles raisons l'entreprise ou l'organisation Airbus a-t-elle initié un changement de culture à travers le management de la diversité ?*	- Identifier les facteurs de contingence qui marquent l'interviewé - Obtenir une description du facteur de contingence et de son impact sur l'entreprise ou l'organisation.

Thème 2: La conduite du changement	*Selon vous, comment se traduit cette conduite du changement de culture d'Airbus ? Qu'avez-vous observé comme changement ou amorce de changement de culture ?*	- Identifier les étapes dans le processus de conduite du changement qui marquent les esprits - Obtenir une description de chaque étape observée et en quoi contribue-t-elle au changement de culture.
Thème 3 : Les perceptions du changement	*Pour chacune des étapes, actions identifiées, pourriez- vous me donner votre avis sur son intérêt, utilité ? Que pensez-vous de ce changement de culture globalement ?*	- Collecter pour chaque étape/action du changement de culture observée la perception qu'en a le salarié (attentes, comportements, ressenti).
Conclusion	*Souhaitez-vous aborder un point en particulier dont nous n'aurions pas discuté encore et qui vous semble important pour cette étude ? Voulez-vous ajouter quelque chose ?*	- Remerciements - Détails sur la poursuite des autres entretiens - Explications de la phase d'analyse des interviews sous NVIVO - Intérêts pour les interviewés et l'entreprise ou l'organisation de la démarche. - Questions/Réponses selon les besoins.

Tableau 2 : Echantillon des répondants

2.1.3. L'échantillonnage

L'échantillonnage consiste à faire des choix de répondants sur la base de critères relatifs à la question de recherche. La qualité de l'échantillon permet d'évaluer le travail de recherche.

La plupart du temps on imagine s'en référer à des critères démographiques et par exemple on va rechercher un critère d'homogénéité concernant l'âge ou la profession ou la fonction des personnes.

Les critères retenus peuvent mettre l'accent sur la validité ou la fiabilité du travail ou sur d'autres critères figurant à la suite. Un <u>tableau des personnes interrogées</u>, peut préciser leur fonction et tout élément permettant de donner de la valeur à l'échantillon retenu. On évite généralement de citer nommément les personnes qui ont accepté de répondre sauf dans le cas d'entretien d'experts et avec leur accord. Le lecteur attend des éléments permettant de comprendre la nature de l'échantillon.

Ceci demande un effort de réflexion pour choisir les critères et variables permettant de décrire l'échantillon sans dévoiler les noms des répondants comme le tableau l'illustre à la suite dans le cadre d'un travail sur la qualité de vie au travail.

	Fonction	Zone Géographique	Genre
#1	Chargé De Mission	Nord-est	Femme
#2	Chargé De Mission	Sud-ouest	Femme

#3	Chargé De Mission	Nord-ouest	Femme
#4	Consultant Interne	Nord-est	Homme
#5	Consultant Interne	Nord-ouest	Homme
#6	Consultant Interne	Paris	Femme
#7	Consultant Interne	Sud-est	Femme
#8	Corep	Sud-est	Homme
#9	Corep	Paris	Homme
#10	Corep	Sud-ouest	Homme

Tableau 3 : Echantillon des répondants

L'échantillon peut être présenté **sous forme de tableau** ou d'une description narrative. Dans le cas présent on a croisé les trois critères suivants : la fonction, la zone géographique et le genre.

En constituant une grille de répartition on observe ainsi un bon équilibre de diversité sur ces trois critères comme le montre le tableau à la suite.

Région	Fonction/genre	Chargé De Mission	Consultant Interne	Corep	Total
Nord-est	Femme	1			1
	Homme		1		1
Nord-ouest	Femme	1			1
	Homme		1		1

Sud-est	Femme		1		1
	Homme			1	1
Paris	Femme		1		1
	Homme			1	1
Sud-ouest	Femme	1			1
	Homme			1	1
Total		3	4	3	10

Tableau 4 : Structure d'échantillonnage

Dans le cadre de la constitution d'un échantillon respectant les principes de la *grounded theory* développée par Glaser et Strauss (1967) l'échantillonnage se fait graduellement sans nécessairement avoir recours à un échantillonnage stratifié ou établi au hasard. De plus les caractéristiques des personnes ne sont pas toujours connues à l'avance (comme c'est le cas des méthodes d'échantillonnage statistique). Il s'agit de sélectionner des personnes ou des groupes selon leur niveau espéré de contribution à des nouvelles idées en vue d'un développement théorique. Dans ce cadre la taille de l'échantillon n'est pas définie à l'avance puisqu'elle dépend de la saturation des catégories. On a remarqué toutefois qu'un effectif autour de 35 répondants permettait d'obtenir cette saturation. C'est en particulier une ambition louable pour une thèse, généralement les attentes dans le cadre d'un Master sont adaptées au temps mobilisable. On observera généralement que les étudiants en Master sont capables de gérer efficacement de 8 à 12 entretiens approfondis.

On atteindra donc une caractérisation du critère de l'échantillonnage : par exemple est-ce qu'on a préféré travailler sur 1) des cas extrêmes ou déviants par exemple à propos d'un projet de transformation qui a particulièrement réussi 2) des cas typiques d'échec ou de réussite qui peuvent inspirer la majorité ou la moyenne 3) un petit nombre de cas qui varient au maximum afin de travailler sur la différenciation 4) des cas critiques par exemple centrés sur l'opinion d'experts 5) un cas de convenance parce qu'il est plus facile d'accès et qui peut parfois se combiner avec un effet boule de neige en sollicitant une mise en relation avec des personnes recommandées par les personnes déjà interviewées afin d'accroître le nombre de répondants.

Le critère de la généralisation est rarement atteint dans le cadre d'un mémoire de Master, mais il n'est pas l'unique critère

2.1.4. L'entretien

La méthode par les entretiens met l'accent sur la richesse et l'authenticité des narrations. Elle demande des qualités pour l'étudiant : écouter, comprendre, analyser, rendre compte exactement.

C'est pourquoi la phase de l'entretien implique des réflexions sur la posture de la personne qui mène l'entretien et de la relation à l'autre.

En ce qui concerne la posture, Il paraît intéressant de souligner quelques caractéristiques de cet **acte de communication** qui met en jeu à la fois un comportement externe, un processus interne et mental, un état interne et émotionnel et un lien spirituel. D'autres évoqueront aussi le fait qu'en s'adressant à une autre personne on peut communiquer au niveau rationnel et conscient mais également pour beaucoup à un niveau inconscient. C'est d'ailleurs dans ce registre que peuvent s'attirer ou s'affronter les personnes sous l'angle de leurs valeurs et de leurs croyances. Pour éviter ces conflits limitant ce qui pourrait ressortir de l'entretien, une posture de neutralité et d'accueil sans jugement de l'autre garantira la confiance et l'expression de l'autre. Il s'agit donc d'être bienveillant, patient, de s'engager respectueusement vis-à-vis de son interlocuteur, de l'aider à parler, de l'encourager à trouver sa dignité sans être autoritaire ni familier ni informel sans critiquer sans conseiller.

Lorsque l'étudiant est peu familier des entretiens, il apprend également à développer son assertivité en trouvant en lui les sources de l'affirmation de lui avec l'estime de soi nécessaire ainsi que l'écoute d'autrui. La situation d'entretien peut en effet réveiller des peurs ne serait-ce qu'à la négociation d'un entretien, ou tout simplement lorsque survient un rapport de force lors de l'entretien. C'est pourquoi l'alignement sur ce qui constitue la raison d'être de l'étudiant en situation de produire un mémoire et d'avoir recours à des entretiens peut permettre de contribuer à cette assertivité permettant le contrôle des émotions. Lors de la négociation d'un entretien, il peut être question de montrer sa motivation sur le sujet de façon à donner envie à la personne d'accepter de consacrer du temps à l'entretien, de réfléchir à sa propre compétence dans le domaine investigué, aux sources documentaires qu'on aura travaillées au préalable, à tout ce qui peut être anticipé afin de rendre attractif la demande d'entretien.

Il arrive que les émotions ressenties perturbent le déroulement de l'entretien ; l'une des solutions possibles est d'adopter une méta position consistant à observer l'interaction qui se joue en ce décentrant.

En ce qui concerne la relation à l'autre, la fenêtre de JOHARI (Luft & Ingham 1955) nous apprend à croiser ce que l'interlocuteur sait à propos de lui ou ignore à propos de lui et ce que les autres savent à propos de lui ou ignorent à propos de lui. C'est ainsi que l'entretien permettra d'obtenir des informations dans le cadran du grand jour ou de la face cachée ou de la zone aveugle peut-être plus rarement de l'inconnu.

Jane Dutton (2003) propose dans son ouvrage de développer les termes de l'engagement respectueux qui consiste à être présent (disponible réceptif et ouvert, à développer une attention qui résiste à la distraction) à être vrai (en cultivant son intégrité et son honnêteté son authenticité) à reconnaître l'autre (en recherchant ce qu'il y a de positif dans son discours, en cherchant ces valeurs, en ressentant un intérêt pour l'autre) à écouter efficacement (en faisant preuve d'empathie c'est-à-dire en reconnaissant les sentiments explicites ou implicites, en essayant de mieux comprendre le contexte de l'autre, en reformulant en paraphrasant en résumant en clarifiant en sollicitant un feed-back), à communiquer du soutien (en exprimant des visions d'une façon qui minimise les défenses de l'autre, en évitant de juger).

En ce qui concerne **l'écoute** voici quelques conseils :

Se taire : nécessité de faire un effort sur soi-même pour s'empêcher de parler et demande donc un recul par rapport à soi, de se concentrer sur le respect apporté à l'autre et de maîtriser la peur du silence

Accueillir : montrer que l'on est disponible, mettre en confiance en cultivant une attitude de bienveillance, établir un climat apaisant, mettre à l'aise, accueillir de façon simple, naturelle, franche et directe tout en se montrant chaleureux

Chercher à comprendre : ne pas juger l'autre, faire le portrait de son vis-à-vis au fur et à mesure en essayant de trouver sa logique, se concentrer sur les mots utilisés par l'interlocuteur, ses attitudes tout en luttant contre la distraction, défier, anticiper, résumer mentalement et écouter entre les lignes

Questionner doucement : éviter d'être intrusif, éviter les questions fermées, ne pas enchaîner toutes les questions mais laisser de la place au cheminement, en cas de remarque incompréhensible ou inopportune : reformuler afin d'essayer d'en savoir plus, préférer les questions ouvertes et chercher à apprendre

Veiller au piège égotique : savoir trouver le juste positionnement à propos de soi afin de ne pas déformer, de ne pas tronquer la réalité de l'autre ; ne pas pratiquer une écoute sélective consistant à laisser sa propre subjectivité évacuer à court terme tout ce qui ne correspond pas à son modèle de pensée

Il est possible également de tirer parti des enseignements de la quête valorisante *Appreciative inquiry* déployée par David Cooperrider. La quête valorisante est un modèle positif visant à aider les personnes, les équipes et les organisations à se développer en se centrant sur les êtres humains sur ce qu'ils ont de meilleur. Cela commence par aider les personnes à définir les questions ou sujet qu'ils veulent explorer puis par les inviter à : découvrir en appréciant ce qui est, rêver en imaginant ce qui pourrait être, concevoir en déterminant ce qui devrait être, créer ce qui sera.

Reformuler peut permettre au répondant d'aller plus loin dans ses réflexions. La reformulation consiste à répéter à son interlocuteur les 3/4 derniers mots qu'il vient de dire, sur un ton neutre et avec un silence à la fin (sur un mode qui n'est pas interrogatif). Cela permet de clarifier le raisonnement, de permettre aux répondants d'aller plus loin sans se sentir jugés. Lorsque la confiance est établie plus durablement, il est possible d'adopter une reformulation qui incorpore les non-dits, les ressentis, les émotions sur un mode plus interrogatif. Figer le consensus consiste ensuite à vérifier que le répondant valide la compréhension de la situation de celui qui questionne.

« Donc si j'ai bien compris…, c'est bien cela ? ». Chaque réponse par l'affirmative permet une validation de l'expérience de l'autre, et une compréhension structurée du raisonnement du répondant.

De même des **relances** peuvent être prévues lors de l'entretien pour aider le répondant à aller plus loin comme par exemple : « Pouvez-vous me donner des exemples de cela ? » « Qu'est-ce qui vous fait dire cela ? » « Que voulez-vous dire exactement par-là ? » "Qu'est-ce que vous en pensez ?". Les questions de relance peuvent également servir à recentrer l'entretien.

La fin de l'entretien n'est pas toujours totalement fixée cependant il est nécessaire de savoir quand terminer en respectant l'obligation que l'on a vis-à-vis de son interlocuteur, il est question d'observer son langage du corps et de lui poser par exemple la question : combien de temps pouvez-vous encore m'accorder ?

Il arrive que des informations capitales surviennent en fin d'entretien et il s'agit de se tenir prêt à noter ces éléments à la dernière minute, une fois que l'on a arrêté d'enregistrer la conversation. il est toujours possible d'ajouter une question du type :"Y a-t-il quelque chose d'autre que nous n'ayons pas évoqué que vous trouvez important ?".

Une fois que l'entretien est terminé, il est utile de noter immédiatement toutes les impressions et les ressentis, de s'assurer de la lisibilité de la prise de notes. Dans un deuxième temps il est respectueux d'adresser un mot de remerciement à la personne qui a accepté de consacrer du temps à l'entretien.

2.2. Analyser et diagnostiquer

L'analyse des données qualitatives comprend deux volets : un premier volet portant sur les principes de l'analyse auquel l'étudiant s'est attaché et qui généralement est intégré dans la première sous partie consacrée au terrain et un deuxième volet de diagnostic qui constitue le résultat d'analyse. Ce deuxième volet est positionné dans une deuxième sous partie.

2.2.1. L'analyse des données qualitatives

L'analyse de données qualitatives mérite en soi un ouvrage dédié (voir mon prochain ouvrage) ou tout au moins d'assister à des séances de formation. En synthèse on peut opérer selon la méthode à la suite ou en s'en inspirant et en précisant les opérations retenues et employées.

Les techniques générales

Principalement différentes opérations sont à mener :

- Relire les données
- Relire chaque transcription en s'imprégnant du sens global
- Faire un résumé très concis (gros titre) de chaque entretien (ou de chaque répondant si entretien de groupe) et produire une analyse globale
- Catégoriser le corpus
- Repérer les thèmes, sous-thèmes (appelés des catégories) par leur fréquence, leur pouvoir de sens

- Faire émerger des catégories au fur et à mesure du codage
- Chercher à donner une définition des catégories
- Comparer les catégories et verbatim reliés, faire des interprétations
- Organiser les catégories de façon arborescente et réviser ces catégories (sens et positionnement dans l'arbre des catégories)
- Détecter les catégories clés
- Trouver les liens entre les catégories clés et les autres

Ces opérations vont permettre de récolter de nombreux résultats qui seront intégrés dans le diagnostic :

- Un rapport structuré des verbatim selon la catégorisation établie
- Des schémas des relations entre catégories arborescente ou en réseau ; en ce qui concerne les schémas entre catégories obtenus avec l'utilisation de logiciels, le travail consiste à définir chaque catégorie du schéma, à inclure des extraits d'entretien et à spécifier les critères de contingence du répondant à la fin de la citation.
- Un tableau de fréquence croisé entre répondants et catégories clés qui sera commentée
- Une évocation de la (ou les) catégorie-clé qui a ou ont émergé, sa capacité à délivrer du sens, et les liens qu'elle entretient avec les autres catégories ; généralement les schémas et cartographies aident à la représenter.

Le recours à des logiciels du type QDA Miner ou NVIVO permet de faciliter le traitement des données.

2.2.2. Les critères d'évaluation

La méthodologie appelle aussi une interrogation sur les critères choisis par l'étudiant et sur leur atteinte probable.

Deux ensembles de critères se distinguent selon que l'on adopte une approche objective ou subjective.

Objectivité

Souvent propres aux méthodes quantitatives qui poussent à s'interroger sur cette question, l'objectivité réfère à l'idée que tout dans l'univers peut être expliqué en termes de causalité ; en psychométrie (tests et mesure), l'objectivité se résume en deux composants : la fiabilité et la validité. La fiabilité est le degré de constance des résultats d'une mesure quels que soient le lieu et le temps. La fidélité est le degré auquel les résultats sont indépendants de circonstances accidentelles de la recherche. La validité est le degré d'exactitude de la réponse. La validité est le degré auquel les résultats sont interprétés d'une façon correcte. Les sciences sociales reposent la plupart entièrement sur les techniques qui assurent la fiabilité et non la validité qui n'est pas possible d'atteindre véritablement. Toute mesure est à certains degrés, suspecte.

Ces critères peuvent être opposés dans un autre cadre, par exemple la CGT critiquant le choix fait par le DRH d'une entreprise ou une organisation de faire appel à un cabinet de consultant spécialiste et utilisant une technique de recueil non scientifique en vue d'évaluer le stress.

Subjectivité

En recherche qualitative d'autres critères peuvent être mobilisés comme le souligne Charmaz (2006 pages 182 – 183). Ces critères peuvent être ainsi explicités sous forme de réponse aux questions suivantes :

- **Crédibilité**

Est-ce que le travail a permis de développer une familiarité avec le sujet ?

Est-ce qu'il y a suffisamment de données pour permettre de justifier les affirmations ?

Est-ce qu'il y a des comparaisons systématiques entre les observations et les catégories ?

Est-ce que les catégories couvrent un éventail large d'observation sur le terrain ?

Est-ce qu'il y a des liens logiques forts entre les données recueillies et les arguments de l'analyse ?

Est-ce que le travail fournit assez de preuves de façon que le lecteur puisse avoir une évaluation indépendante ?

- **Originalité**

Est-ce que les catégories sont nouvelles et fraîches ? Est-ce qu'elles permettent un regard nouveau ?

Est-ce que l'analyse fournit une conceptualisation à valeur ajoutée par rapport aux données ?

Est-ce qu'il y a des conséquences en matière de gestion et de théorie ?

Est-ce qu'il y a un retour théorique et pratiques (défi, prolongement, raffinement)

- **Résonnance**

Est-ce que les catégories décrivent bien l'expérience étudiée ?

Est-ce que on est parvenu à révéler des significations qui n'étaient pas stables ?

Est-ce que des liens ont été établis entre les individus et des institutions plus larges ?

Est-ce que les résultats font sens auprès des participants ? Est-ce que l'analyse offre une compréhension plus profonde de ce qui se passe pour eux.

- **Utilité**

Est-ce que l'analyse offre des interprétations utiles que les personnes peuvent employer au quotidien ?

Est-ce que les catégories analytiques suggèrent des processus plus larges ?

Est-ce que des recherches futures peuvent être suggérées ?

Est-ce que le travail contribue à la connaissance et à un monde meilleur ?

Il est donc possible d'utiliser ce questionnement pour guider le travail et aussi d'évoquer dans le mémoire les efforts qui ont été menés pour satisfaire ces critères et éventuellement ce qui a été plus difficile d'accomplir en termes de limites du travail. Généralement cette partie réflexive pourra se situer à la fin du mémoire.

Biais

Les **biais** sont des types d'erreurs susceptibles d'intervenir à différentes étapes du processus d'analyse. Deux erreurs communes en recherche qualitative portent sur les erreurs de type I ou II, complétées par la possibilité d'une erreur de type III (Flick, 2009). L'erreur de type I est de considérer, à tort, une affirmation comme vraie, (l'erreur la plus commune). Il s'agit par exemple de considérer – à tort – l'influence d'une variable (alors que cette influence découle d'une variable intermédiaire non décelée), de considérer une causalité entre deux phénomènes sur la simple observation d'associations récurrentes. L'erreur de type II est de rejeter une affirmation ou une relation véridique. L'erreur de type III consiste à se poser les mauvaises questions.

D'autres exemples de biais ont permis de repérer :

- **L'illusion holiste** (Miles & alii 2003) qui consiste à accorder aux événements plus de convergence et de cohérence qu'ils n'en ont en réalité en éliminant les faits anecdotiques
- Le **biais d'élite** qui consiste à surestimer l'importance de données provenant d'informateurs clairs, bien informés, de statut plus élevé, et sous-estimer celle de données provenant d'informateurs difficiles à manier, plus confus, au statut moins élevé.

La préoccupation principale pour l'étudiant consiste à minimiser les biais de recherche inhérents au temps, à l'espace ou à sa propre personne. Comme le suggèrent les trois erreurs types, le plus important est de prendre conscience de ces différents biais susceptibles d'altérer les résultats, voire de les expliciter.

Prenons l'exemple de Claire SZALATA, qui a réfléchi aux biais possibles de son enquête terrain portant sur les pauses en entreprise :

- « Le premier biais est le public-cible de cette étude, constitué d'élèves du CIFFOP, qui est un public RH averti. Mais finalement plus de 40% des répondants au premier questionnaire était un public non RH.
- Le deuxième biais est le fait d'avoir fait appel à mes connaissances pour répondre aux questionnaires. Pour limiter ce biais, je ne leur ai pas donné plus d'informations qu'aux autres répondants, les laissant libres d'indiquer ce qu'ils souhaitaient. J'ai d'ailleurs laissé tels quels les questionnaires complétés de la

deuxième étape (avec les coquilles et les réponses ne répondant pas totalement à la question).
- Le troisième biais est de n'avoir pu rencontrer que trois personnes pouvant témoigner de la stratégie d'entreprise par rapport à la pratique des pauses dans leur entreprise. Les répondants n'étaient pas tous DRH, ils ont donc répondu par rapport à leur cœur de spécialité et leur niveau d'accès à l'information. Toutefois, l'objectif de ces entretiens était de compléter et de finaliser l'étude en obtenant une vision « entreprise » et non pas de réaliser une étude exhaustive des politiques « pause » des entreprises.
- Le quatrième biais, en ayant ciblé la fonction RH et mes connaissances, est d'avoir fait l'analyse des deux questionnaires avec un taux de retour majoritairement féminin (le public RH étant majoritairement un public féminin). Cependant, pour la troisième étape d'entretien en face à face, j'ai interrogé un public majoritairement masculin : deux hommes et une femme.
- Le cinquième biais : mon vécu et ma perception des pratiques des pauses relèvent d'expériences issues d'entreprises non favorables à la prise de pauses. »

D'autres critères peuvent être pris en compte comme la triangulation, la plausibilité sélective, l'acceptation interne.

En résumé

La sous-partie méthodologie rassemble les informations suivantes :

- Rappel de la question centrale de recherche et lien avec le dispositif de recherche.

- Choix de la méthode de recueil des informations (observation, participation à des réunions, analyse de données, entretiens individuels, entretien de groupe, questionnaires quantitatifs, combinaisons de différentes méthodes).
- Echantillonnage avec précisions sur les personnes (observées ou interrogées) : fonction, date du recueil d'information, tableau par catégorie d'acteurs, effectif (référence à la population totale – notion de représentativité pour le questionnaire quantitatif).
- Echantillonnage sur les pièces et documents servant de support à l'analyse.
- Si confection d'un processus de recueil d'information : justifier la forme et le fond de cette construction dans la partie méthodologie et mettre en annexe le produit achevé.
- Nature des données recueillies (modalité d'enregistrement, texte intégralement ou partiellement retranscrit, journal de bord, images, vidéo, notes à chaud, compte-rendu etc..).
- Analyse des données : méthode retenue (analyse thématique, analyse par catégorie d'acteur, tableau et matrice, liens entre concepts, grounded theory etc.), utilisation de logiciel (tableur, QDA Miner, Nvivo, SPSS etc...).

2.2.3. Le diagnostic

Dans la sous-partie **diagnostic** on procède à de multiples constats, par exemple par comparaison, par mise en perspective des questionnements de la problématique rapprochée des éléments relevés sur le terrain. On peut établir un sociogramme, une grille d'analyse stratégique, des comptes rendus thématiques d'entretien, une organisation des faits observés etc... C'est à partir de cette analyse que la partie des recommandations et des propositions pourra être véritablement argumentées.

Structure du diagnostic

La structure du diagnostic peut découler de l'analyse. Une analyse thématique peut servir de structure au diagnostic ou se fonder sur le codage axial (Strauss & Corbin 1990). Or le maniement de l'analyse est facilité grâce à l'analyse de données qualitatives assistées par ordinateur, comme c'est le cas avec des logiciels QDA Miner, téléchargeable gratuitement en version lite ou NVIVO. Le choix de la structuration de cette analyse est libre et présente l'avantage de se construire au fur et à mesure. On peut par exemple identifier des axes thématiques et des sous-thèmes permettant de structurer le travail.

Les idées fortes sont avancées avec des éléments de **justification**. Il est souhaitable par exemple, d'intégrer des éléments de l'expérience. On peut introduire des **verbatim** des personnes interrogées ou décrire des situations dont on a été observateur. Les verbatim lorsqu'ils sont longs gagnent à être présentés en exergue (avec une marge à gauche et droite plus resserré par rapport au corps du texte, et en italique, suivi d'une référence faite à la personne qui s'exprime (le critère dépend de ce que l'étudiant veut démontrer ; cela peut être son nom, sa fonction, sa localisation, son sexe, son âge...). L'ampleur des verbatim doit être équilibrée par rapport au reste du texte (pas plus du tiers dans un page par rapport au reste du texte). Les verbatim peuvent faire l'objet de commentaire.

L'engagement que l'étudiant a pris auprès de la personne qui l'informe suppose de veiller à s'astreindre à minimiser les risques de dévoilement de certaines informations émanant des répondants qui pourraient leur nuire. Tout cela pose la question de l'éthique et du respect des personnes c'est pourquoi il est de la responsabilité de la personne qui mène une enquête de réfléchir à la façon de **protéger** les personnes. Parfois les personnes dans certaines entreprises prennent même les devants malheureusement de façon stricte en exigeant qu'aucune information ne puisse être révélée. Cela limite terriblement la capacité de tirer parti de l'exercice du mémoire. On pourrait imaginer que ces pratiques soient dénoncées entre ceux qui sont amenés à candidater dans les entreprises ou organisations.

Les Verbatim cités, peuvent faire état du nom des personnes avec leur accord. Dans le cas contraire, l'usage est de veiller à rendre anonyme les citations.

Bien souvent dans la partie des résultats figurent des citations, graphiques, tableaux. Par ce que ces représentations ne parlent pas toujours d'elle-même, les **commenter** permet d'en expliciter le sens. Leur vertu est une présentation synthétique. De même lorsqu'un tableau est une conception de l'étudiant, mentionner son auteur souligne sa valeur créative. S'il s'agit d'un tableau d'une autre source, on mentionne son auteur. On peut aussi s'inspirer d'une source et la modifier, dans ce cas on mentionne la source et le fait que le document a été augmenté.

Faire la distinction entre les informations, réflexions, critiques et analyses **produites par l'étudiant** et celles venant de l'extérieur (avis de la DRH et autres…) permet au lecteur de mieux situer ce qui relève de la pratique générale et ce qui relève de la réflexion et de l'apport particulier de l'étudiant.

Attitude vis-à-vis des répondants

Lorsqu'une personne de l'entreprise ou l'organisation accepte de répondre à un entretien, elle donne de son temps, de son énergie et **mérite à ce titre des égards** de la part de ceux qui fonderont leur analyse sur ce témoignage. Il arrive que les étudiants considèrent ne pas obtenir toutes les informations nécessaires à la mise en œuvre de l'analyse. La réflexion méthodologique peut aider à pallier cet inconvénient : par exemple en interrogeant d'autres personnes, en observant d'autres situations, en multipliant les sources et les regards. Si malgré les efforts de déploiement méthodologique, il ressort que les informations ne permettent pas une analyse claire, alors il est possible de faire état des questions précises que suscitent les défauts d'information. Et s'il s'avère un flou dans les informations recueillies, la meilleure parade est de s'obliger à réfléchir en mobilisant des théories, en produisant des hypothèses et d'autres questionnements. Cette vacuité n'est pas un espace à redouter mais au contraire un terrain d'entrainement dynamisant la réflexion.

Pratiques comparées : benchmarks

Les **pratiques comparées** qui consistent à se renseigner sur ce qui se fait dans les autres entreprises, présentent l'avantage de situer le cas de l'entreprise ou l'organisation par rapport à d'autres qui peuvent être plus avancées sur le sujet sur lequel porte le mémoire. C'est donc une façon dont on va pouvoir s'inspirer pour envisager d'incorporer de bonnes pratiques en tenant compte de la possible transférabilité.

On peut vérifier que le niveau de contexte est comparable. Généralement la <u>partie consacrée aux benchmarks est succincte</u> car le lieu privilégié de l'investigation est l'entreprise ou l'organisation. Le benchmark peut éclairer les pratiques extérieures (triangulation) afin de situer ce que fait l'entreprise ou l'organisation et cela aide à trouver des idées novatrices. Cependant le fait de produire un benchmark ne dispense pas d'une analyse en profondeur de ce qui se passe dans l'entreprise ou l'organisation. L'erreur fréquente est d'utiliser un benchmark pour s'exonérer de la compréhension et de l'analyse de la situation en entreprise. S'il ne participe pas de la compréhension directe du cas de l'entreprise ou l'organisation, le benchmark devient inutile et contreproductif.

Les pratiques comparées correspondent aussi aux approches multi cas. Elles dépendent donc de la position de l'étudiant. Lorsque celui-ci effectue un apprentissage ou un contrat de professionnalisation dans une entreprise ou une organisation, on peut s'attendre généralement à un travail en profondeur dans cette entreprise. En revanche un étudiant qui poursuivra un Master sans être affilié à une entreprise ou une organisation en particulier peut privilégier ce genre d'approche multi cas afin de développer une expertise riche, d'aller à la rencontre d'experts variés du sujet. Là encore on se trouve face aux attentes institutionnelles de l'université ou de l'école qui accueille l'étudiant.

Si la comparaison consiste à établir un panorama des pratiques existantes, il est possible de situer cette comparaison dans la première partie du mémoire. Si la comparaison permet de faire état de pratiques nouvelles, transférables et répondant à un besoin dans l'entreprise ou l'organisation, il est possible de situer ces éléments de façon succincte à la fin du mémoire. S'il s'agit d'étudier la transférabilité d'une pratique, alors il sera judicieux de positionner la comparaison dans la partie deux du mémoire.

Processus mis en œuvre par d'autres

Parfois l'étudiant travaille sur un projet ou un processus dont il n'est pas le seul maitre d'œuvre : soit parce qu'il prend un projet en cours et que d'autres personnes l'ont lancé, soit parce qu'il a recours à des consultants externes soit parce qu'il intervient à l'occasion d'un travail en équipe. Faire la part de sa production et de celles de ses « co-contributeurs » permet d'évaluer la valeur ajoutée en tant que contributeur individuel et aussi les effets de synergie de groupe. Lorsque dans l'entreprise ou l'organisation il est fait appel à un consultant, peut se poser la question de la place de l'étudiant et de son apport dans le dispositif. Pourquoi ne pas produire une analyse de la méthode initiée et employée par le consultant afin de contrebalancer une implication plus faible dans le façonnage du projet par l'étudiant ? Il s'agit de trouver les moyens de prouver sa valeur ajoutée soit dans l'action (concevoir et faire), soit dans l'analyse critique (faire preuve de discernement), soit dans les effets relationnels (en particulier dans le travail en équipe) selon les fondamentaux des 9 rôles de Belbin (2006).

2.3. Produire une discussion

La discussion permet une expression assez personnelle, au cours de laquelle on confronte l'ensemble des faits et idées, en donnant du sens soit sous forme d'un retour sur la littérature, soit sous forme de critique et commentaire. La discussion permet d'avancer des réponses à la problématique, parfois d'aller plus loin, de soulever d'autres questions et aussi de présenter les limites du travail effectué. Il s'agit de commenter les résultats du terrain, d'apporter du sens, également de synthétiser. C'est à dire de reprendre les idées principales recueillies lors du travail sur le terrain, si possible en les reliant soit à la littérature, soit à sa propre expérience personnelle. Les résultats sont discutés, c'est-à-dire mis en perspective de plusieurs façons :

1. On confronte les résultats observés, les pratiques engagées par l'étudiant ou par des personnes dans l'entreprise ou l'organisation avec les éléments dont il a

été question dans la problématique ; on distingue les points auxquels on a pu répondre et ce qui reste flou
2. Cette **confrontation entre théorie et pratique** permet une prise de recul, un regard critique ; bien souvent cette démarche facilite l'émission de propositions opérationnelles
3. Lorsque l'étudiant se trouve face à un **paradoxe**, il n'a pas à s'en effrayer, et à le passer sous silence, tout au contraire, le paradoxe constitue bien souvent un point de départ à une réflexion riche, profonde. Le paradoxe invite à adopter une attitude de prise de recul, une sorte de position méta par rapport aux éléments contradictoires. Le paradoxe peut constituer le cœur de la problématique, ou tout au moins une piste stimulante pour le gestionnaire qui va pouvoir montrer sa capacité à résoudre des problèmes.

A l'issue de ce travail, on attend du gestionnaire qu'il établisse des **propositions opérationnelles**. Le gestionnaire à la différence d'autres disciplines plus descriptives a à cœur de réfléchir dans la perspective de l'efficacité.

Ce souci de l'efficacité pour l'entreprise ou l'organisation, est déjà présent dans la façon dont il problématise son questionnement, et naturellement encore dans les propositions qu'il formule.

On s'applique à les justifier et on évite dans la formulation des expressions suivantes : "il faut que", "les entreprises ou organisations doivent...".

Il est attendu que l'étudiant fasse preuve d'un regard critique non seulement sur les pratiques qu'il observe, mais également sur son action proprement dite, ceci afin de se positionner dans une posture de propositions pour l'action.

Les évaluateurs attendent que les étudiants prennent suffisamment position. Les étudiants ont parfois des difficultés à s'engager personnellement, par souci de ne pas déplaire à différentes personnes de l'entreprise ou l'organisation et du coup ils sont bridés dans leur expression. Ces peurs ont pour conséquence une tendance à fournir un travail neutre, voire soporifique qui correspond à la norme qu'ils croient que l'entreprise ou l'organisation attend d'eux. Ce qui est attendu pourtant, est un **exercice de conviction** des étudiants. L'étude de cas et la soutenance orale offrent des occasions de s'exprimer plus librement. Le mémoire constitue le dernier exercice clôturant le parcours universitaire de l'étudiant et il doit à ce titre être considéré comme son chef-d'œuvre et répondre à des critères d'excellence. Pour cette raison, l'étudiant a tout intérêt à s'investir. On attend non qu'il procède par description comme s'il était un observateur en retrait, mais au contraire c'est sa position d'observateur participant à la vie de l'entreprise ou l'organisation, et sa contribution qui sont attendues.

En résumé

La partie terrain rassemble les informations suivantes :

1. Une sous-partie dédiée à la méthodologie
2. Une sous-partie de diagnostic découlant des engagements de la méthodologie. Cette sous-partie comprend une analyse thématique avec des illustrations du terrain (verbatim, document, observation, tableau de comparaison) et des interprétations avec un résumé

3. Une discussion (si elle n'a pas pu être intégrée dans la sous-partie diagnostic) ou une synthèse qui opère un retour théorique et une réponse à la problématique

Des propositions pour l'action (qui sont argumentées en fonction de ce qui précède soit point par point soit en préambule avec un fil directeur).

3. STRUCTURER LE TRAVAIL

De façon générale, le mémoire comprend : une introduction, la position du problème et sa situation dans l'entreprise ou l'organisation, son analyse conceptuelle, théorique et pratique basée sur une recherche bibliographique, la formulation des hypothèses ou l'exposition de la démarche suivie pour le résoudre, les travaux réalisés pour l'entreprise ou l'organisation, les résultats et une conclusion. En ce qui concerne la construction du plan, il est attendu de montrer la progression du raisonnement.

Les universités mettent parfois une feuille de style à disposition des étudiants. Il est possible de s'inspirer de la feuille de style communiqué à l'occasion de la thèse et de l'adapter au Master.

3.1. Le plan du mémoire

La présentation du mémoire doit être standardisée selon les normes de l'institution avec rigueur afin de guider vos lecteurs au moyen d'une structure claire et solide. Lorsque les normes ne sont pas véritablement définies il est possible de s'inspirer du modèle suivant.

Partie du mémoire	Fonctions
Page de couverture	Explicitation visuelle
Avant-propos, remerciements	Espace de personnalisation : les remerciements constituent votre carte de visite relationnelle mais aussi personnelle.
Executive Summary	Résumé opérationnel
Sommaire	Navigation et repérage
Introduction	Questionnement, démarche
Corps du mémoire	Développement
Conclusion	Résultat, portée
Index des noms et auteurs, Liste des tableaux, figures	Navigation
Liste des sources (bibliographie)	Ancrage théorique et pratique
Table des matières (détaillée)	Structure, navigation
Un résumé en français une demi-page- un *abstract* en anglais + liste des mots-clés (au dos)	Objet, synthèse, portée, recommandations à mettre en oeuvre

Tableau 5 : Les différentes parties du mémoire

3.1.1. Les éléments de présentation

La page de couverture
Elle est identique à la page de garde et comprend les mentions reportées à titre de modèle page suivante. Ces mentions sont portées strictement dans l'ordre et le format du modèle.

Institution   Année de promotion

Titre du mémoire

Mémoire individuel pour l'obtention du Master xxx

Prénom et NOM de l'auteur
(en Minuscules) (en MAJUSCULES)

Date de soutenance

(Image facultative)
Eventuellement, la mention très visible "Confidentiel"
si l'entreprise en fait la demande.

Membres du jury :

Avant-propos/ remerciements

La préface est un élément personnel, facultatif qui peut servir à remercier des personnes, dire la raison de son intérêt pour le sujet, expliquer pourquoi certaines choses n'ont pas été faites, offrir un guide de lecture, expliquer à quel public on s'adresse...

Le lecteur examine généralement cette partie qui lui sert d'élément d'appréciation de la personnalité, ou du contexte du travail. La réflexion sur les remerciements est l'occasion de faire **acte de gratitude** envers tous ceux qui ont pu aider à accomplir le mémoire. Il est d'usage de remercier en premier lieu les membres du jury pour leur présence, parfois en précisant la nature de l'aide apportée par les différentes personnes.

Résumé sous la forme d'un « *executive summary* »

Le but de ce résumé est de donner une vue d'ensemble rapide de tout le rapport afin qu'un dirigeant puisse comprendre rapidement la nature des informations contenues dans le rapport, qu'il puisse également disposer des éléments suffisants pour savoir s'il a envie de lire l'ensemble du rapport. Une série de mots-clefs (de 4 à 10), en bas de page caractérise le contenu intellectuel du document. Ce résumé apparait également à la fin du document en dos de couverture.

Dans ce résumé on trouvera :

1- L'objectif **du mémoire**
2- La **méthodologie** (principalement les méthodes employées pour recueillir l'information et répondre à la question de recherche - l'échantillon paraît par exemple très clairement)
3- Les **résultats** (ils peuvent être énoncés en plusieurs phrases)

4- Les **recommandations** ou implications pratiques (c'est-à-dire tout ce qui peut être mis en œuvre à l'adresse des dirigeants et des gestionnaires)
5- L'originalité ou la **valeur** du travail
6- Les mots clés

Voici quelques éléments à vérifier concernant le résumé :

- Les mots employés sont concis, factuels, neutres, sans faute
- Le tout est présenté de façon très structurée, avec des listes de points, des sous-titres.
- Ce résumé ainsi que sa traduction en anglais ne dépassent pas une page.
- Les points sont présentés selon la structure du mémoire.
- Le résumé figure à deux endroits du mémoire : après la préface et en quatrième de couverture, c'est-à-dire au dos du mémoire.
- Si possible indiquer aussi les noms des entreprises ou leur secteur d'activité, leur taille etc.

Exemple d'*executive summary* qui convient :

Résumé :

Ce mémoire propose de répondre à la question "Peut-on se passer de la fonction RH ?" à la lumière de la digitalisation grandissante des organisations. L'objectif est d'étudier l'impact du digital sur la fonction RH et sur son avenir. Pour répondre à cette question, nous avons réalisé une étude quantitative auprès d'un échantillon de 310 professionnels RH et managers, puis une étude qualitative au travers de 14 entretiens. Si la transformation digitale apparaît comme inéluctable et hautement stratégique pour la majorité des organisations rencontrées, elle fait peser un certain nombre de menaces sur la fonction RH, en impactant certaines de ses missions, ainsi que ses effectifs, et pose la question de son avenir. Notre étude montre cependant que la révolution numérique est une formidable opportunité pour la fonction RH de changer de posture et d'asseoir sa légitimité en direction de l'ensemble des parties prenantes en faisant preuve de créativité, d'innovation, et en développant l'intelligence RH. On peut toutefois se demander si cet optimisme est partagé par l'ensemble des professionnels RH et comment les nouvelles générations vont s'emparer de cette opportunité pour façonner la fonction RH de demain.

Mots clés : fonction RH / digital / transformation / impact / innovation RH / missions RH / légitimité / stratégie / avenir

Exemple de résumé qui ne convient pas dans sa structure car il ne présente pas suffisamment la méthodologie.

> Résumé opérationnel
>
> Partant d'une approche marketing RH et reposant sur des entretiens avec des personnes aux positions variées dans trois entreprises de taille et de niveau de développement business et RH différents, notre mémoire tend à mettre en évidence les moyens de rendre la fonction RH indispensable par la production de services répondant aux attentes de ses clients tout en développant sa notoriété. Les résultats positionnent le business et les salariés comme clients prioritaires à prendre en compte, avec une satisfaction globale des managers, qui s'oppose à une méconnaissance, voire méfiance, de la part des salariés, et confirment notre présupposé : les attentes sont aussi variées que les contextes. Nos recommandations : décharger la fonction RH des missions techniques (décentralisation ou externalisation) ; développer une proximité avec les clients quels qu'ils soient pour une meilleure compréhension de leurs besoins ; définir la « promesse RH » en fonction des contextes et projets spécifiques à chaque entreprise ; développer des compétences stratégiques, business, humaines et en communication, reposant sur des attitudes et des postures adéquates, notamment être force de proposition et apporter une vision à long terme ; être dans l'anticipation pour mieux préparer et accompagner les évolutions, notamment sur l'innovation et les nouvelles technologies ; une notoriété qui se développe par la proximité et des soft-skills.
>
> Mots clés : fonction RH - marketing RH - clients - attentes - notoriété – posture

Sommaire

Le sommaire précède le mémoire et il est limité à une page. Il sert à la navigation et on attend en conséquence qu'il soit très soigné sur le plan visuel. La plupart du temps il est réalisé sous forme de smart Art, d'images ou de tableaux afin de bien dégager la structure du mémoire.

Voici un exemple que l'on retrouve assez généralement dans les mémoires :

	Page
Introduction	9
Titre de la partie 1 (Titre 1)	11
1. Titre sous partie (Titre 2)	11
1.1. Titre de chapitre (Titre 3)	11
1.1.1. Section (Titre 4)	11
1.1.2. Section (Titre 4)	13
1.1.3. Section (Titre 4)	15
1.2. Titre de chapitre (Titre 3)	17
1.2.1. Section (Titre 4)	17
1.2.2. Section (Titre 4)	19
1.2.3. Section (Titre 4)	21
1.3. Titre de chapitre (Titre 3)	23
1.3.1. Section (Titre 4)	23
1.3.2. Section (Titre 4)	25
1.3.3. Section (Titre 4)	27
Partie 2	30
Titre de la partie 2 (Titre 1)	30
2. Titre sous partie (Titre 2)	30
2.1. Méthodologie (Titre 3)	30
2.1.1. Section (Titre 4)	30

2.1.2. Section (Titre 4)	32
2.1.3. Section (Titre 4)	34
2.2. Analyse (Titre 3)	36
2.2.1. Section (Titre 4)	36
2.2.2. Section (Titre 4)	38
2.2.3. Section (Titre 4)	41
2.3. Résultat (Titre 3)	44
2.3.1. Section (Titre 4)	44
2.3.2. Section (Titre 4)	46
2.3.3. Section (Titre 4)	48
Conclusion	52
Bibliographie	54
Sources	55
Table des annexes	57
Index	60

3.1.2. Le corps de texte

Introduction

L'introduction est fondamentale car elle joue sur la perception initiale mettant le lecteur dans une disposition d'esprit favorable ou défavorable. Les lecteurs attendent généralement qu'elle ne soit pas banale, ne comporte que les éléments nécessaires à la compréhension et à la situation du travail.

L'introduction a au moins deux impacts possibles sur le lecteur : lui donner envie de lire la suite de l'exposé et lui donner des repères pour s'orienter en annonçant chacune des parties du travail. En conséquence il s'agit de présenter le mémoire.

Le cheminement allant du général au particulier est couramment employé afin d'aider le lecteur à situer le travail par rapport à des connaissances générales, et donc à ses propres connaissances. Bref, il s'agit d'embarquer les lecteurs à partir de ce qu'ils connaissent.

Il est judicieux d'introduire son plan et d'expliquer rapidement la démarche.

À la fin de l'introduction figure très distinctement **la question centrale de recherche** (elle peut être soulignée, mise en gras, encadrée).

En principe, le travail est articulé selon les parties suivantes : l'introduction, la problématique qui incorpore une revue de la littérature, la méthodologie, le compte-rendu du terrain sous forme d'analyse, les recommandations pour l'action, la conclusion, la bibliographie.

Corps de texte

Il est constitué de deux parties clairement identifiées.

Après l'exposé de la **problématique** et de la mission effectuée, une **analyse** (ou un diagnostic) est complétée d'une **discussion** qui constitue la rencontre entre la problématique, la revue de littérature et les questions posées par le travail de terrain. Chaque partie peut faire l'objet d'un résumé (attention de ne pas l'intituler « conclusion »).

À l'issue de la discussion, des propositions de solution, des **préconisations** peuvent être intégrées, elles tiennent compte de certaines limites du travail à définir.

Il s'agit de présenter un regard critique sur son propre travail et d'en souligner les limites de validité de même que des perspectives pour aller plus loin. Il est attendu également que l'étudiant fasse état de ce que son travail lui apporte, de ses enrichissements personnels.

Conclusion

Elle n'est pas un simple résumé du mémoire. Elle peut comporter un rappel synthétique des résultats, des propositions stratégiques concrètes, des cadrages nouveaux du problème traité, des suggestions, des éléments d'anticipation et de simulation, de discussion de la portée des résultats, la formulation de nouvelles questions, le rappel de l'utilité pratique du travail effectué, les perspectives nouvelles et plus générales... L'idée consiste à se poser la question : si c'était à refaire ... ?

3.1.3. Bibliographie et citation

Bibliographie

La bibliographie se situe à la fin du document, juste avant les annexes. Elle comprend exclusivement les différentes sources utilisées dans le mémoire. Il est conseillé d'utiliser un classement alphabétique des auteurs. De plus en plus on utilise la norme APA qui est un format défini par l'American Psychological Association pour les publications et écrits scientifiques en psychologie et dans les domaines des sciences sociales et du comportement. Il s'agit de règles éditoriales qui spécifient l'ensemble des éléments relatifs à la présentation des textes scientifiques : mise en page, structure du texte, style d'écriture, syntaxe, citations dans le texte, références bibliographiques, tableaux et graphiques, etc.

Une référence bibliographique comporte des mentions obligatoires :

Pour une revue :

Auteur, A. A., Auteur, B. B. et Auteur, C. C. (année). Titre de l'article. *Titre du périodique, volume*(numéro), page de début - page de la fin.

Rousseau, F. L. et Vallerand, R. J. (2003). Le rôle de la passion dans le bien-être subjectif des ainés. *Revue québécoise de psychologie, 24*(3), 197-211.

Pour un ouvrage :

Auteur, A. A. (année). *Titre du livre* (Xe éd., vol. x). Lieu de publication : Maison d'édition.

Ladouceur, R., Marchand, A. et Boisvert, J.-M. (1999). *Les troubles anxieux : approche cognitive et comportementale*. Montréal, Québec : Gaëtan Morin.

Pour automatiser la bibliographie :

Il est possible de faire appel à un utilitaire sur le net comme par exemple https://www.ottobib.com/ et moyennant le numéro ISBN de l'ouvrage d'obtenir la citation au format APA.

En cas de consultation sur les bases de données EBSCO d'un article scientifique, il suffit de faire appel à un menu qui propose les références précises de l'article selon plusieurs standards ; il est possible alors de copier la citation selon la norme de présentation APA. Les autres bases de données proposent des systèmes équivalents.

Citations

Une idée peut être reprise intégralement sous forme de citations en respectant un format spécial, afin de montrer aux lecteurs qu'il s'agit d'une citation. Pour cela, on repère et on reproduit la citation avec exactitude et précision, on « ouvre et ferme » les guillemets, pour indiquer le début et la fin de la citation, *on met l'intégralité du texte en italique*, on décale le texte de la citation par une marge à gauche et une marge à droite resserrant le texte de la citation par rapport au reste du texte. Enfin, on mentionne l'auteur. Il est possible d'abréger cette opération de la manière suivante : en ouvrant une parenthèse, on écrit en majuscule le nom de l'auteur, suivi d'un blanc, suivi de l'année de la publication, et l'on ferme la parenthèse.

De même, dans la bibliographie qui clôt le document, on notera la référence telle que spécifiée plus haut.

Lorsque l'on reprend une **idée résumée** qui paraît intéressante pour la problématique, on indique le nom de l'auteur de cette idée à la fin du paragraphe en ouvrant une parenthèse, en écrivant en majuscule le nom de l'auteur, suivi d'un espace, suivi de l'année de la publication et en fermant la parenthèse.

Si plusieurs auteurs ont exposé la même idée, on fait figurer la liste de ces auteurs, en accolant les différentes références entre parenthèses. Pour faire référence à une intervention d'expert ou professeur durant les cours, mentionner le titre du cours et le nom de l'expert (la date si possible).

Référencement en corps de texte

Pour les deux exemples bibliographiques suivants (voir également paragraphe « Bibliographie »), il sera établi des références en corps de texte :

Auteur, A. A. (année). *Titre du livre* (x_e éd., vol. x). Lieu de publication : Maison d'édition.

Voynnet Fourboul, C. (2011). La spiritualité des dirigeants en situation de passage de leadership. *Management & Avenir*, 48(8), 202-220.

Point, S., & Fourboul, C. V. (2006). Le codage à visée théorique. *Recherche Et Applications En Marketing, 21*(4), 61-78.

(VOYNNET FOURBOUL 2011) (POINT & VOYNNET FOURBOUL 2006)

Ces références sont à inclure à la suite des idées intégrées dans la problématique.

3.1.4. Les éléments à la suite

Annexes

Les documents, présentant un intérêt certain pour l'étude mais non indispensables à la compréhension du texte, sont regroupés dans le cadre des annexes, si ces documents sont d'un volume trop important pour figurer dans le cadre des notes de bas de pages. L'ensemble des annexes figure dans une table des annexes.

Table des matières

C'est un instrument de travail pour le lecteur. A ce titre, elle est réalisée avec soin. Ces principales caractéristiques sont la clarté, l'homogénéité et l'exhaustivité. Elle est paginée. Elle figure en fin du mémoire.

Résumé

En quatrième de couverture figure à nouveau le résumé intitulé : « *executive summary* » qui constitue une note de synthèse. Ce résumé est généralement traduit en anglais et précédé de la mention : « *Abstract* ». Une dizaine de mots-clés figure en bas de page. A la suite figure un plan indicatif avec le nombre de pages attendu.

3.1.5. Les méthodes relatives à la forme

Orthographe et grammaire

Une des normes que l'on retrouve généralement dans le travail d'écriture consiste à respecter l'orthographe et la grammaire. C'est particulièrement le cas pour tout travail universitaire. Or de nos jours il existe des moyens de correction automatique avec les traitements de texte. La relecture par des personnes externes et fiables du document est à envisager, tout en prévoyant le temps de relecture.

Style

Bien souvent l'étudiant se trouve à la frontière entre plusieurs mondes : le monde de sa génération, avec un style qui lui est propre, le monde du travail et le monde académique. Le monde académique exige une certaine tenue dans le style, qui sera par ailleurs attendu lorsque l'étudiant deviendra un responsable dans sa fonction. Cette tenue correspond au besoin de clarté et d'universalisme. Acquérir ce style nécessite de prendre conscience que les termes couramment employés en entreprise ont un sens circonscrit à l'entreprise ou l'organisation. Tout un travail va consister à donner un sens plus universel à des mots qui ont un usage local. L'étudiant fait donc attention au langage employé en s'efforçant d'être compris par le plus de personnes possibles. Il évite le jargon d'entreprise. S'il emploie des tournures spécifiques, il établit un dictionnaire. Il fait un effort de clarté, de simplicité et de fluidité.

Titres explicites

Afin que le mémoire puisse être lu rapidement, l'étudiant formule des **titres explicites** qui synthétisent les idées développées ensuite. De cette manière, il permet de communiquer beaucoup d'informations et de sens de façon concentrée. Il peut faire en sorte que la simple lecture des titres inclus dans la table des matières, permette de comprendre le mémoire. Formuler des titres explicites est un savoir-faire à développer. Voltaire en a donné une illustration exemplaire dans ces ouvrages.

3.1.6. La mise en page

Le mémoire est dactylographié, relié et envoyé sous format électronique à l'institution qui peut faire état des normes de mise en page souhaitées. Beaucoup de latitude est possible quant à la manière de réaliser un travail clair et soigné. L'aération du travail en est un exemple.

Normes de présentation

Les normes de présentation possibles sont :

- o   Format 21 x 29, 7, format recto/verso
- o   Des marges à gauche 3.5 cm soit curseur à 1 dans WORD
- o   Des marges à droite 2.5 cm soit curseur à 16 dans WORD
- o   Interligne à 1,5
- o   Taille des caractères à 12.

La police de caractère sera la plus lisible ou la plus courante (Times, Arial, Calibri, Lexend).
Le passage d'une partie à une autre ou, d'une sous partie à une autre, peut faire l'objet d'une **transition**. Quelques astuces permettent de faire gagner du temps aux lecteurs, il s'agit par exemple de positionner en tête de paragraphe un résumé des idées développées. Le lecteur sera reconnaissant de pouvoir naviguer dans le texte à l'aide de ses résumés, sorte de pointeurs d'idées.

On peut adopter le principe suivant : à côté du corps de texte, figure une cartouche située à gauche ou à droite du texte dans la marge, et dans cette cartouche, le chercheur produit un résumé du texte correspondant. Adopter un format justifié permet de guider la lecture. À l'intérieur de chaque paragraphe, la mise en gras ou en couleur, des idées essentielles facilitent la lecture.

Tableaux, schémas et graphiques

Les tableaux et les graphiques sont présentés avec un titre, une numérotation, une légende (et les unités correspondantes) et la mention de la source. Pour les graphiques, il s'agit de préciser les « principes de lecture », par exemple, les abscisses et les ordonnées dans le cas d'un graphique cartésien. Les schémas sont identifiés par un titre, une numérotation et la mention des sources.

Les **tableaux** ou images sont accompagnés clairement d'une légende ; s'agit-il du nombre de salariés, du nombre d'entreprises, d'un pourcentage, d'un CA exprimé en euros, en K € en dollars... D'une manière générale, les tableaux sont commentés de façon à aider le lecteur à repérer l'information intéressante du tableau au moyen de quelques phrases. Le tableau sert-il à montrer une évolution, l'ampleur d'un phénomène, une contingence ? La qualité de l'interprétation des tableaux participe à la valeur ajoutée du mémoire. Dans les traitements de texte, il existe des fonctionnalités permettant le numérotage automatique ainsi que la réalisation de la liste de ces références que constituent les images, tableaux et figures.

Notes en bas de page

Elles sont enregistrées avec une numérotation. Celle-ci peut se faire soit par page, soit pour l'ensemble du mémoire. Elles sont brèves et ont pour fonction de préciser un élément ou de présenter des commentaires qui alourdiraient le texte.

Voici un exemple de plan pour un mémoire individuel de 50 pages :

Introduction pages	2-3
Partie 1 : Problématique et concepts pages A – Présentation factuelle de l'entreprise ou l'organisation B – Concept 1 et développement des questions C – Concept 2 et développement des questions	20
Partie 2 : Terrain A – Méthodologie et travaux en entreprise B – Analyse (mise en contexte, résultat) C – discussion et retour théorique D – Propositions argumentées pour l'action	25 pages
Conclusion pages	1-2

Voici un exemple de plan pour un mémoire de 11 pages :

Introduction	1/2 page
Partie 1 : Problématique et concepts	5 pages
A - Présentation factuelle de l'entreprise ou l'organisation	
B - Concept 1 et développement des questions	
C - Concept 2 et développement des questions	
Partie 2 : Terrain	5 pages
A - Méthodologie et travaux en entreprise	
B - Analyse (mise en contexte, résultat)	
C - discussion et retour théorique	
D - Propositions argumentées pour l'action	
Conclusion	1/2 page

3.2. L'étude de cas

Le mémoire individuel peut être présenté sous la forme d'une étude de cas pédagogique en particulier pour certains cursus et il est utile d'évoquer en amont cette possibilité avec les responsables de diplôme.

L'esprit du mémoire est le même mais la présentation est différente.

La présentation du mémoire sous cette forme a pour objet de rendre compte d'une situation professionnelle en se basant sur les faits qui se sont passés ou qui sont amenés à se réaliser durant la période d'écriture du mémoire ou par la suite, en projection.

La présentation de la situation de l'entreprise ou l'organisation et des faits qui s'y déroulent constituent le socle du contenu du mémoire. Les apports théoriques ont pour but de mettre les faits en relief et de les transposer dans une situation générique.

Pour présenter le mémoire sous forme de cas pratique, des questions et des modalités d'animation de chaque séance seront énoncées ainsi que les réponses à ces questions.

Cette présentation s'efforce d'être cohérente avec la constitution du mémoire et des données à partir d'une méthode itérative de découverte de l'historique et d'apprentissage de connaissances.

Le cas pratique se construit avec une intention toutefois un peu différente de celle du mémoire dans le sens que sa visée consiste à pouvoir servir de support d'animation d'une séance de cours à destination d'un groupe d'étudiants. Les questions posées dans le cas sont celles qui pourront être posées à des étudiants au cours d'une séance d'animation.

Comme le cas pratique est un travail de réflexion à l'instar du travail du mémoire, il conserve la problématique et la réflexion de mémoire mais dans une structuration différente.

Par rapport à un mémoire classique, la mise en forme sera sensiblement différente et adaptée à l'intention de le rendre utilisable dans le cadre d'une séance d'animation face à des étudiants ; ainsi, l'introduction générale sera différente de celle d'un mémoire classique, de même la conclusion générale du mémoire et le contexte du cas. En fait, dans l'étude de cas, on construit deux parties l'une qui sera destinée aux étudiants et l'autre qui sera destinée aux animateurs du cas ; cela suppose de répartir les informations (d'un mémoire classique) entre celles qui seront plutôt factuelles et contextuelles et qui permettront aux lecteurs de construire un diagnostic par eux-mêmes, et celle plus confidentielles et indispensables à l'animateur pour l'animation du cas.

Proposition de plan :

Sommaire
Introduction (1 à 2 pages)
Partie 1 - La présentation de l'étude de cas (description de 15 à 20 pages)
A - Présentation de l'entreprise ou l'organisation (chiffres clés du groupe, organisation)
B - le contexte
C - Les acteurs
D – Liste des questions du cas pratique (4 à 6 questions)
Partie 2 - La note pédagogique de l'étude de cas (30 à 35 pages)
A - Résumé du cas et du contexte (une demi-page)
B - Les objectifs pédagogiques et la cible (environ 1 page)
C - Approche et stratégie pédagogique (comment le cas peut être utilisé et conduit en groupe, suggère des questions d'animation, indication de temps par question et d'indications générales permettant de guider l'animation) (environ 4 pages)
D - Analyse (donne des réponses à chacune des questions, à la fois théoriques et spécifiques de l'entreprise ou l'organisation, donne des techniques d'analyse des données, une interprétation des données qualitatives et/ou quantitatives) (une vingtaine de pages)
Questions du cas pratique : Pour chaque question,
- Aborder un concept théorique,
- Proposer une méthode d'analyse
- Proposer une méthode d'utilisation de cette partie du cas et un mode d'animation, un temps et un attendu des étudiants.
- Proposer des résultats d'analyse en lien avec le cas.

> 5.1 Réponse à la question 1
> 5.2 Réponse à la question 2
> 5.3 Réponse à la question 3
> 5.4 Réponse à la question 4
> 5.5 Réponse à la question 5
> 5.6 Réponse à la question 6 (de 4 à 6 questions)
> Conclusion générale du mémoire (1 à 2 pages)
> Bibliographie et Annexes

Concernant la première partie qui porte sur la description de l'entreprise ou l'organisation, cette partie apporte les faits sur lesquels les étudiants réfléchiront pour répondre aux questions qui leur seront posées. Le contenu porte sur des éléments descriptifs utiles à la réflexion. Il apporte des données globales sur l'entreprise ou l'organisation et son marché et également des informations plus précises sur le sujet à traiter.

La deuxième partie constitue le support pour l'animateur. Les éléments théoriques pourront être diffusés aux étudiants de la manière que souhaitera l'animateur : durant la séance, a posteriori...

Cette partie « analyse » détaille chaque question et répond aux différentes problématiques du cas. Dans chaque question, au moins un concept théorique est abordé. Un exercice pratique peut être imaginé dans le cadre de la préparation d'un travail attendu par les étudiants.

Des sources différentes d'apports théoriques sont utilisées : supports écrits ou audio visuels.

Des modalités de travail différentes peuvent faire référence à un travail individuel ou en petits groupe ou groupe complet, à l'écrit ou à l'oral, en préparation d'un travail attendu à retranscrire auprès du groupe à l'écrit ou à l'oral, sur support excel, pwp, word ou autre ou sur support dynamique.

Des modalités de retranscription au groupe sont prévues : à l'oral, écrit, en tableau, en support PowerPoint. La durée de chaque phase et de chaque partie de la séance est précisée.

Il est possible de mettre son cas en application et de donner un prolongement au travail du mémoire, par la mise en œuvre du cas pratique avec une ou plusieurs séances d'application auprès d'étudiants.

4. EVALUER LE TRAVAIL ET S'ORGANISER

Le mémoire de fin d'année universitaire donne généralement lieu à une soutenance qui a lieu quelque temps après la remise du document écrit afin de laisser le temps aux membres du jury d'évaluer le travail.

L'évaluation repose généralement sur l'appréciation du mémoire individuel et l'appréciation de la soutenance orale. Il s'agit de s'enquérir des modalités de la remise du mémoire.

4.1. Conseils pour la soutenance orale d'un mémoire

Le mémoire donne lieu généralement à une soutenance orale devant un jury dont la composition est élaborée par l'université ou l'institution.

4.1.1. Objectif

L'exposé oral est destiné à faire un exercice de synthèse (les points clés, analyse critique, ouvertures et perspectives) et à permettre un échange avec le jury en vue d'approfondir certains points qui paraissent intéressants. C'est l'occasion pour l'étudiant de valoriser une autre facette de ses qualités de communication et d'expression orale.

La soutenance constitue une opportunité de présenter son travail d'une façon qui ne soit pas calquée sur ce qui a été produit à l'écrit. L'oral n'est pas un résumé du mémoire. L'épreuve orale a un caractère vivant.

Si une soutenance dure en moyenne 30 minutes, elle peut se répartir en un temps d'exposé de 10 minutes (15 minutes maximum), un échange avec le jury de 10-15 minutes et un premier temps de délibération réservé au jury.

Durant cet exposé il s'agit de rappeler la problématique et les questions traitées, les grandes lignes de la démarche et les résultats, tout en développant un bilan synthétique (c'est l'occasion de réfléchir à l'intérêt et aux limites des résultats, à leur portée professionnelle), aux perspectives qui se dégagent, aux nouvelles questions et prolongements sur lesquels débouche ce travail.

4.1.2. Exposé

Le mémoire écrit fournit de la substance à la soutenance orale ; pourtant celle-ci revêt un caractère spécifique, dans son expression surtout s'il s'agit d'un mémoire de groupe, où l'exercice peut prendre des formes variées :

- Une scénarisation de ce que l'on souhaite démontrer,
- La confection et remise d'un PowerPoint de présentation
- La remise d'une synthèse en appui de l'oral qui bien souvent est une maturation supplémentaire par rapport au document écrit.

Le premier défi est de parvenir à faire passer des messages issus du travail élaboré autour du mémoire en un temps réduit.

Sur la forme, l'exercice demande à être clair, audible, précis, à soigner le rythme des phrases, se montrer le plus authentique possible en évitant le vocabulaire pompeux, vague ou réservé aux initiés du terrain. Il demande la maitrise du temps et donc la répétition devant un auditoire ami, ou un enregistrement vidéo. Il s'agit de ne pas lire constamment les notes.

La soutenance apporte des éléments nouveaux et permet d'aller au-delà du contenu du mémoire.

Le deuxième défi propre à l'échange avec le jury consiste à montrer sa maitrise du sujet, et la capacité à argumenter à propos de ce qui est écrit dans le mémoire et plus généralement des effets que cela peut avoir sur les pratiques professionnelles.

Pour ce faire, se mettre à la place du jury et se décentrer par rapport à l'important travail réalisé lors de l'écrit permet alors de construire l'exposé en pensant à la façon dont engager le dialogue avec le jury en intégrant 1) l'énoncé de la problématique et l'intérêt général du sujet 2) la méthodologie 3) l'analyse 4) l'interprétation des résultats 5) les propositions et la prise de recul 6) ce que l'auditoire va retenir, les perspectives.

- L'énoncé de la problématique consiste à faire un descriptif bref de la démarche et des résultats en mettant en relief l'essentiel ; en effet les membres du jury ayant déjà lu le mémoire, les éléments de détail seront substitués par tout ce qui met en relief l'essentiel du questionnement et des grands concepts. On peut s'aider en essayant de répondre à des questions du type : « de quoi s'agit-il ? etc. » et essayer d'imaginer ce qui pourrait intéresser son auditoire, ce qui pourrait être un apport pour le jury. Très souvent le jury note lorsque

- le candidat a tiré parti du temps entre la fin de la rédaction du mémoire et la soutenance pour bien mettre en perspective le travail.
- L'analyse consiste à faire un bilan qui témoigne d'une prise de recul par rapport à la démarche et aux résultats. On se demande alors : « quel est l'apport de mon travail ? Quelles en sont les limites ? Quels décalages éventuels entre les visées initiales et les résultats atteints ? ». La posture d'autosatisfaction liée à des impressions non étayées par des constats précis est non adéquate, de même la dépréciation du travail réalisé. Il s'agit plutôt de prendre une certaine distance par rapport à son travail et de montrer sa capacité d'autoévaluation fondée sur une argumentation. Si les résultats ne correspondent pas au projet initial, si des contradictions apparaissent, il y a matière à une prise de recul intéressante qui suscite un réel apprentissage.
- En ce qui concerne les perspectives qui permettent de finaliser cette étape, il est possible d'évoquer les apports du travail en soi et pour sa formation professionnelle, par exemple en indiquant les prolongements envisagés en pratique ou dans la réflexion (cf. questions à creuser), montrer en quoi ce travail a enrichi la représentation et les points d'appui afin de mieux exercer son métier.

4.1.3. Questions du jury

Le jury est attentif à la qualité de la réflexion personnelle (ou de groupe s'il s'agit d'un mémoire collectif). Les questions émanent d'une interaction entre un auteur et un lecteur : se préparer à accueillir les réactions de chaque membre du jury permet d'entrer dans la discussion en professionnel.

Avant tout, le jury attend une réponse argumentée. En conséquence la bonne posture consiste à prendre en compte les objections sereinement sans être sur la défensive (et sans tomber dans des attributions telles que : « le jury n'a rien compris », « on cherche à me piéger ») ou à l'inverse sans tomber dans une auto-accusation systématique « mon travail ne tient pas la route ». C'est le jury qui mène le questionnement, mais c'est celui qui présente qui a conduit le travail. Le jury cherche dans l'échange à tester la consistance des propositions et la capacité à les évaluer avec lucidité.

Face à une question, une bonne attitude consiste à essayer de s'approprier cette question et la reprendre : « Qu'est-ce que le jury me demande ? » « À quel aspect de mon travail ou de ma prestation cela renvoie-t-il ? » ; puis de noter la question, marquer un court temps de silence si nécessaire, éventuellement reformuler la question à votre manière pour vous assurer l'avoir bien saisie de manière à être synchronisé avec le jury. Ensuite, la réponse pourra être orientée selon que la question porte sur une demande de précision, la cohérence du travail, une objection, des propos non justifiés, l'interprétation des résultats, la pertinence de la méthodologie, le dépassement du cadre du mémoire, de la curiosité pour un aspect du sujet.

Pratiquement :

Même si les universités mettent le plus souvent à disposition un vidéoprojecteur, le temps d'installation du document à projeter peut être trop long par rapport au temps dont chaque jury dispose et il est préférable de préparer **les supports papiers** pour chaque membre du jury (cela peut être le support PowerPoint et une synthèse de 2 ou 4 pages). Le support PowerPoint ou son équivalent, comprendra cinq à six transparents ou diapositives, et la personne qui présente peut s'entraîner à être flexible de manière à pouvoir évoquer son sujet en un temps variable qui accommode le jury. Chaque transparent comporte un texte resserré avec 25 mots au maximum présentés de façon esthétique et privilégiant les caractères de taille suffisamment lisible. On peut repérer son temps de parole en comptant 3 minutes d'expression par slide ou transparent. Des commentaires peuvent être rédigés pour aider à se remémorer les arguments de la présentation sans être diffusés au jury. Il est utile de trouver un moyen de vérifier qu'on ne dépasse pas le temps imparti le mieux étant de répéter suffisamment la soutenance orale pour qu'elle devienne naturelle.

Description	A ne pas faire	A faire
But de la présentation	Présenter des résumés par section de votre mémoire	Présenter ce en quoi le mémoire est intéressant à lire
Présentation format & durée	Se préparer pour 25 minutes au cas où vous bénéficiez de plus de temps : ne pas respecter le temps de présentation Utiliser de petits caractères et beaucoup de diapositives	Commencer par l'intention, expliquer ensuite le cheminement (méthodes / résultats) et dérouler l'argumentation. Mettre en avant des idées clés que l'on veut que l'auditoire retienne, et l'on se pose la question : « Qu'est-ce que je veux que mon auditoire retienne ? ». Fournir une synthèse en 3/4 pages écrites.

	Ne pas se centrer sur les théories et méthodes Submerger l'auditoire par une « montagne » d'informations trop denses et confuses	Se préparer mentalement pour 5 à 10 mn (c'est plus facile d'en dire plus après que de faire plus court) Utiliser des caractères de grandes tailles et pas plus de 7 diapositives (5 de préférence) Se centrer sur les résultats On allège les diapositives en privilégiant la clarté et l'enchaînement des idées. Pour les présentations de groupe, bien gérer les passages de parole et la coordination dans la présentation des supports. Passer 2/3 minutes environ par diapositive
Introduction	Faire la même chose qu'à l'écrit	Se concentrer sur ce qui est intéressant et nouveau Essayer de commencer avec une histoire ou analogie, une anecdote sans s'éparpiller
Interaction avec le jury	Faire un monologue décrivant le mémoire	Regarder les personnes dans les yeux et leur parler, ceci clairement et avec calme, on ralentit le rythme, on marque des temps de pause entre les

		parties ou après un point important.
		Identifier ce que peut être l'apport du jury ; faire part de questions susceptibles d'intéresser l'auditoire
		On cherche à penser, se concentrer et même à plaire à l'auditoire en l'incluant dans le discours.
Problématique	Présenter une revue de la littérature Expliquer tous les détails d'un slide	Faire état du problème, en quoi il est intéressant et ce que seront les apports
Méthodes	Décrire dans le détail les méthodes d'investigation.	Expliquer les choix de méthode (avantage/inconvénient)
Résultats / Propositions	Présenter tous vos résultats en détail	Présenter ce qui est significatif et la réaction de l'entreprise ou l'organisation à vos propositions
Conclusion	Décrire tous les résultats dans le détail et résumer	Faire état des éléments de connaissance nouveaux et de ce qui reste à faire

Tableau 6 : Conseils pour la soutenance

<u>Le mémoire assorti du cas est évalué</u> selon une grille de critères d'évaluation qui peut distinguer :

- **Problématique** : la présentation des enjeux et de la problématique, la capacité à problématiser le sujet, la pertinence des sources, la clarté des concepts
- **Méthodologie** : tout ce qui a été réalisé par l'étudiant dans l'entreprise ou l'organisation (compilation de documents, entretien individuel, participation à des réunions, établissement d'outils, de grille d'analyse), et qui résulte d'une initiative créative personnelle permettant de répondre à la problématique (l'idée est de montrer sa capacité non pas à reproduire mais plutôt à transformer)
- **Analyse et discussion** : ce qui a été observé, vécu et produit par l'étudiant. Ces résultats sont discutés en démontrant la capacité à mener une démarche critique et créative, à maîtriser les techniques de gestion.
- **Propositions opérationnelles** : à l'issue des résultats et de leur discussion, la page de propositions opérationnelles et personnelles
- **Forme et soutenance** : structuration, qualité de la langue, des annexes et de la bibliographie, qualité du travail, orthographe et style, exposé oral, respect des consignes, respect du temps d'exposé, qualité des réponses aux questions

4.2. Engagement, Suivi et organisation

4.2.1. Engagement contre le plagiat

De tout temps la demande universitaire repose sur un travail personnel qui s'interdit de plagier les travaux des autres. Le plagiat est une faute grave qui peut entraîner des conséquences pour l'étudiant.

C'est ainsi que chaque fois qu'il est fait mention dans le mémoire d'éléments qui ont été trouvés par une revue de littérature, ces éléments doivent être consignés avec une référence faite à leurs auteurs. Les citations sont énoncées clairement, les noms des auteurs et les références bibliographiques doivent être indiqués.

La traduction partielle ou totale des textes d'autrui constitue une forme de plagiat si la source n'est pas indiquée.

Les mémoires font de nos jours de plus en plus l'objet d'une vérification électronique afin d'éviter les risques de plagiat ou de citations abusives. Le plagiat peut être sanctionné par la non-délivrance du diplôme.

Les responsables de diplôme de l'université peuvent également demander que l'étudiant s'engage à signer un document dans lequel il déclare qu'il n'a pas effectué de plagiat dans son travail et que son travail n'a jamais été présenté dans le cadre antérieur d'études.

4.2.2. Conseils d'organisation

Pour un mémoire individuel soutenu à la mi-septembre année N +1

N°	Activité	11	12	01	02	03	04	05	06	07	08	09
1	**Exploration :**											
1,1	Liste des questions, lecture, revue	■	■	■								
1,2	Revue littérature	■	■	■								
2	**Investigation**					■	■	■	■			
2,1	Enquête : construction guide d'entretien, ou guide d'observation				■							
2,2	Recueil des données				■	■	■					
2,3	Analyse des données						■	■	■			
3	**Interprétation**									■		
3,1	Ecriture											
3,2	Ajout de compléments (revue de littérature)											
3,3	Phase tampon											
4	**Finalisation**										■	
4,1	Relecture											
4,2	Impression											
4,3	Reprographie et assemblage										■	
	Préparation soutenance											■

Tableau 7 : Planification du travail

4.2.3. La supervision

Certaines universités organisent un programme de supervision afin d'accompagner l'étudiant dans la réalisation de son mémoire. Cette tâche peut être confiée à des responsables académiques ou à des professionnels. La supervision s'effectue plus ou moins de façon adaptée entre l'étudiant et le superviseur. Le superviseur peut conseiller l'étudiant à différentes étapes de son travail et selon la manière dont il conçoit la supervision. Il n'est pas chargé d'aider à rédiger ou à relire le travail mais plutôt à orienter et signifier les points d'alerte quand le travail n'est pas sur la bonne voie. Pour tirer parti du temps passé avec le superviseur, il est utile de préparer les rencontres, et de venir aux séances avec des documents ou de les envoyer par voie électronique si la supervision se fait par téléphone, de préparer une liste de questions si nécessaire. Au cours de la rencontre, on pourra prendre des notes extensives.

Un superviseur universitaire pourra indiquer le cadrage théorique tandis qu'un superviseur professionnel par sa fine connaissance des enjeux du terrain peut permettre l'accès à des perspectives différentes et enrichies. Il est intéressant pour l'étudiant de solliciter des liens de mentorat à cette occasion soit parce que l'université les a institutionnalisés soit de façon volontaire. Le mémoire est l'occasion d'une ouverture humaine.

Lors du suivi par votre superviseur, vous pouvez lui présenter une fiche de suivi systématiquement par mail avant la rencontre et avec support papier pendant la rencontre, cette fiche peut être présentée sous format google doc partagé selon ce que souhaite le superviseur.

Prénom Nom :	Tel.
Tuteur académique :	Mail :
Tuteur professionnel :	
Entreprise :	Site :
Mes activités réalisées jusque-là :	Mes activités à venir :
Sujet envisagé pour le mémoire :	
Les concepts à étudier :	Les cours à l'université qui servent de fondement :
Les auteurs relevés :	
Méthodologie Comment j'envisage de m'y prendre ?	Avis de mon entourage et piste terrain
Remarques, questions :	

Tableau 8 : Fiche de suivi pour la supervision

4.3 Evaluation du mémoire et de la soutenance

Voici à la suite un exemple de grille permettant d'évaluer le mémoire dans le fond et dans la forme.

Le mémoire dans le fond

INTRODUCTION Une introduction avec une question centrale de recherche encadrée très distinctement et évoquer tout au long du mémoire	**QUESTIONNEMENT** Des sous-questions réparties tout au long de cette partie et alimentées de références théoriques (revue de littérature)
REVUE DE LITTERATURE ET CONCEPT Chaque terme est défini et fait référence aux théoriciens et auteurs pertinents qui sont cités clairement par rapport au reste du texte	**CONTEXTE** Une présentation factuelle et argumentée du cas choisi est établie
TON Les faits, décisions, ressentis, sentiments, émotions, histoires sont décrits ; le style n'est pas normatif : pas de mots : « doit » « il faut que » « il convient de »	**SP1 METHODOLOGIE** Échantillonnage avec précision sur les personnes (observés ou interrogés) : fonction, date du recueil d'informations, tableau par catégorie d'acteurs, effectifs – description du processus de recueil d'informations et de la méthode d'analyse des données
SP2 DIAGNOSTIC DISCUSSION Le diagnostic comprend une analyse thématique avec des illustrations du terrain (Verbatim, documents, conservation, tableau de comparaison) des illustrations, des interprétations avec un résumé. La synthèse opère une réponse à la problématique	**SP3 PROPOSITIONS** Des propositions pour l'action (qui sont argumentées en fonction de ce qui précède soit point par point soit en préambule avec un fil directeur)

Le mémoire dans la forme

La mise en forme du mémoire qui est évaluée porte sur :

- Le respect de la feuille de style lorsqu'elle est fournie par l'université et le respect du positionnement des indications du mémoire rassemblées dans la page de couverture. Il existe une certaine standardisation à ce niveau
- La présence de remerciements éventuellement d'un avant-propos, d'un sommaire esthétiquement bien construit, d'une introduction, d'une conclusion
- Des sources qui sont bien référencées et citées en respectant la norme choisie par l'université
- Une table des matières détaillée et paginée
- Un résumé de type executive summary en français d'une demi-page avec une traduction en anglais accompagné d'une liste des mots clés.

Liste des arguments à cocher

En ce qui concerne la première partie :

INTRODUCTION
Une introduction avec une question centrale de recherche encadrée très distinctement et évoquée tout au long du mémoire
La justification de l'importance de la question, de sa pertinence, son utilité
QUESTIONNEMENT
Des sous-questions réparties tout au long de cette partie et alimentées de référents théoriques (revue de littérature)
Nombre de sous-questions et points d'interrogation > 4
Des hypothèses à tester

REVUE LITERATURE ET CONCEPTS
La définition de tous les termes du titre du mémoire, effort en étymologie
Chaque terme fait référence aux théoriciens et auteurs pertinents qui sont cités clairement par rapport au reste du texte.
Le choix des théories / auteurs se fait selon le critère de la qualité scientifique (EBSCO PROQUesT CaiRN)
Au moins 1 article de rang A et 3 articles de revues scientifiques classées
Seules les théories qui ont un rapport direct avec la problématique sont intégrées
LE CONTEXTE
Une présentation factuelle de l'entreprise courte avec les données significatives
Une présentation du contexte (élément d'histoire) et un pré-diagnostic permettant de donner du corps à la question centrale
LE TON
Pas de mots : "doit" "faut que" "il convient de "
Les faits, décisions, ressentis, sentiments, émotions, histoires sont décrits

En ce qui concerne la deuxième partie :

SP1 METHODOLOGIE

Rappel de la **question centrale de recherche** et lien avec le dispositif de recherche
Choix de la **méthode de recueil des informations** (observation, participation à des réunions, analyse de données, entretiens individuels, entretien de groupe, questionnaires quantitatifs, combinaisons de différentes méthodes).
Nature des données recueillies (modalité d'enregistrement, texte intégralement ou partiellement retranscrit, journal de bord, images, vidéo, notes à chaud, compte-rendu etc..).
Echantillonnage avec précisions sur les **personnes** (observées ou interrogées) : fonction, date du recueil d'information, tableau par catégorie d'acteurs, effectif (référence à la population totale **sous forme de tableau** – notion de représentativité pour le questionnaire quantitatif).
Echantillonnage sur les pièces et documents servant de support à l'analyse.
Processus de recueil d'information : justifier la forme et le fond de cette construction dans la partie méthodologie et mettre en annexe le produit achevé. Si **guide d'entretien** : présentation des types de question en résumé dans la partie méthodologie et en détail en annexe
Analyse des données : méthode retenue (analyse thématique, analyse par catégorie d'acteur, tableau et matrice, liens entre concepts, grounded theory etc), utilisation de logiciel (tableur, nud*ist6 QDA Miner ou 8, SPSS etc...).

Biais possibles, critères d'évaluation retenus, efforts éthiques et limites.

SP2 DIAGNOSTIC

Une sous-partie de **diagnostic** découlant des engagements de la méthodologie.
Cette sous-partie comprend une **analyse thématique** avec des illustrations du terrain (verbatim, document, observation, tableau de comparaison)
Les **illustrations sont équilibrée**s (1/3 par rapport au reste du texte) avec indication de référence, au format en exergue dans le texte
Cette sous-partie comprend des **interprétations** avec un résumé

SP3 DISCUSSION

(Si elle n'a pas pu être intégrée dans la sous-partie diagnostic)

Une discussion
La synthèse opère un retour théorique
La synthèse opère une réponse à la problématique

SP4 PROPOSITIONS

Des propositions pour l'action (qui sont argumentées en fonction de ce qui précède soit point par point soit en préambule avec un fil directeur).

LA MISE EN FORME

Page de couverture et respect de la feuille de style
Avant-propos, remerciements
Sommaire (grandes lignes du travail)
Introduction
Conclusion
Index des noms et auteurs,
Liste des tableaux, figures
Liste des sources (bibliographie) aux normes APA (tous les auteurs cités dans le texte disposent d'une référence dans la bibliographie)
Table des matières (détaillée et paginée)
Un résumé (executive summary) en français une demi-page– un *abstract* en anglais
+ liste des mots-clés (au dos)

Tableau 9 : Les points à vérifier avant de rendre le mémoire

BIBLIOGRAPHIE

Belbin, R. (2006). *Les rôles en équipe*. Paris: Éditions d'Organisation.
Cameron, K. & Quinn, R. (2011). *Diagnosing and Changing Organizational Culture: Based on the Competing Values Framework*. San Francisco, CA: Jossey-Bass.
Charmaz, K. (2006). *Constructing grounded theory: a practical guide through qualitative analysis*. London Thousand Oaks, Calif: Sage Publications.
Crozier, M. & Friedberg, E. (1977). *L'acteur et le système : les contraintes de l'action collective*. Paris: Editions du Seuil.
Dutton, J. (2003). *Energize your workplace: how to create and sustain high-quality connections at work*. San Francisco: Jossey-Bass.
Flick, U. (2009). *An introduction to qualitative research*. London: SAGE Publications Ltd.
Hogan, R. T., & Fernandez, J. E. (2002). Syndromes of mismanagement. *The Journal for Quality and Participation, 25*(3), 28-31.
Johnson, G., Whittington, R., Scholes, K., Angwin, D., Regnér, P. & Fréry, F. (2014). *Stratégique*. Montreuil: Pearson.
Luft J., Ingham H. (1955). *The Johari Window: a graphic model for interpersonal relations*, University of California Western Training Lab.
Miles, M., Huberman, A., Rispal, M. & Bonniol. (2003). *Analyse des données qualitatives*. Bruxelles Paris: De Boeck universite.
Mucchielli, A. (1996). *Dictionnaire des méthodes qualitatives en sciences humaines et sociales*. Paris: Armand Colin.

Strauss A., Corbin J. (1990). *Basics of Qualitative Research: Grounded Theory Procedures and Techniques*, Sage Publications, Newbury Park.

Wacheux, F. (1996). *Méthodes qualitatives et recherche en gestion*. Paris: Économica.

Watkins, M., Borgeaud, E. & Séac. (2019). *90 jours pour réussir sa prise de poste*. Montreuil : Pearson.